Ohne Worte?
Nicht mit uns!

BRITT HAGEDORN

SABINE ALTENA

Ohne Worte?
Nicht mit uns!

*Wie frau jede
Kommunikationssituation
mit links meistert*

Inhalt

Liebe Leserin
(und natürlich auch lieber Leser),

ein Buch über Kommunikation? „Ich kann doch schon sprechen", denkst du jetzt vielleicht und fragst dich: „Was soll ich denn damit?" Wir sagen es gleich vorweg: Ganz viel! Denn es geht nicht um theoretische Sprachmodelle aus der Wissenschaft oder intellektuelles Theoriegeschwurbel, das dich in drei Sekunden in den Tiefschlaf befördert. Es geht um ehrliche Kommunikation, um Real Talk. Mit echten Beispielen, echten Menschen, echtem Leben. Die sind der Hauptbestandteil dieses Buches. Wir berichten von delikaten Situationen aus dem alltäglichen Wahnsinn des Lebens mit Partnern, Kids, Bossen, Kollegen, Freunden und Schwiegermüttern.

Es geht um Missverständnisse, unfreiwillige Beleidigungen in Form von gut gemeinten Ratschlägen oder schlecht gemachten Feedbacks, um Desaster in der Whatsapp-Gruppe und wie man sie vermeiden kann. Wir verraten, wie du mit schlauen Fragen tiefsinnige Gespräche führst und weder beim Small Talk noch im Dialog mit den Liebsten ohne Worte bleibst. Gut zu wissen, dass wir auch Tricks auf Lager haben, mit denen du zum Beispiel schlagfertig(er) wirst, öfter mal Nein sagst oder dir mindestens genauso oft ein beherztes Ja zutraust.

Wir treten an für feine Gespräche mit mehr Bewusstheit statt aggressivem Blindflug. Mehr Analyse statt beleidigter Leberwurst. Humor statt Groll. Wir müssen nicht alles verstehen, was andere denken und tun. Und wir müssen es auch nicht gut finden. Aber – und das ist doch spannend – egal, wie wir es finden: Mit diesem Gedanken bleiben wir gelassener. Bewusster. Fröhlicher. Witziger. Und das ist schließlich mehr, als 90 Prozent der westlichen Bevölkerung für sich verbuchen können. Läuft!

Niemand ist perfekt:
Unser Scheitern jetzt schwarz auf weiß

Ach ja, wir haben noch nicht erwähnt: Dies ist auch ein Buch des Scheiterns. Genauer gesagt unseres eigenen Scheiterns. Es gibt kein Perfekt. Auch und erst recht nicht in diesem Buch. Wir berichten nicht darüber, wie perfekt wir sind – sondern wie wir uns sehr unperfekt perfekt fühlen. Selbst wir als Kommunikationsprofis tappen in die typischen Fallen, machen viel Mist und könnten uns danach in den Hintern beißen, weil wir wieder einmal unsere eigenen Regeln nicht eingehalten haben. Rummeckern, schimpfen, pauschal verurteilen, angeben, tiefstapeln, verbal stolpern, hinfallen und wenig elegant wieder hochrappeln – wir können selbst so ziemlich alles bieten, was es an Kommunikationsfehlern gibt. Warum? Einfach weil wir Britt und Sabine sind. Frauen, Mütter, Managerinnen, Speakerinnen, Freundinnen, Coaches, Selbstständige, Schatzis, Chauffeurinnen, Caterinnen, Gastgeberinnen und vieles mehr.

Der einzige Unterschied zwischen uns als Privatmenschen und als Kommunikationsprofis besteht darin, dass wir gelernt haben, wie es besser geht. Theoretisch zumindest. Wir wissen also, was besser ist, als herumzukreischen. Wo es knallen kann und wie man das vermeidet. Dass wir das im Alltag nicht immer umsetzen, ist logisch. Weil wir Gefühle, Gewohnheiten, Glaubenssätze und Autopiloten haben, die Perfektion verhindern. Zum Glück. Sonst wären wir nämlich auch noch Streberinnen.

Das, was wir selbst leben, ist auch die zentrale Botschaft dieses Buches: Sei nicht perfekt, aber fang an, über dein eigenes Kommunikationsverhalten nachzudenken. Denn damit kannst du schon wahnsinnig viel erreichen. Was tust du, wenn die Welt um dich herumbrüllt? Schreist du mit? Oder denkst du nach: Was könnte ich jetzt besser machen, als die Konflikte eskalieren zu lassen und mich in Dauerschleifen abzuarbeiten? Woher kommt mein Frust? Wie könnte ich ihn verhindern, statt mich nur drüber zu ärgern?

Wir möchten dich nicht belehren, sondern nur anstupsen, zu realisieren, was du gerade tust. Denn ganz oft kommen uns Dinge aus dem Mund, die wir eigentlich gar nicht sagen wollen. Wir sind dann wie fremdgesteuert, obwohl wir doch so gern das Ruder in der Hand hätten.

Ein großer Gedanke: Meine Welt ist nicht deine

Unser Handwerkskoffer in Buchform hilft super in vielen festgefahrenen Situationen, in denen man erst mal einen Knoten aufpulen muss. Nutz ihn wie ein Beautycase mit vielen Tools, abrufbar auf gutem Energielevel – und auch wenn die Batterien leer sind und nur Bad Vibes gefunkt werden. Im Prinzip ist alles wie immer eine Sache der Übung. Wie eine Fremdsprache, die man lernt, indem man sie spricht. Alles bleibt Theorie, bis du es anwendest. Wenn sich am Ende der Lektüre unseres kleinen Zauberbuches nur ein großer Gedanke bei dir verankert, dann gerne dieser: Meine Welt ist nicht deine Welt. Das bedeutet so viel wie: Alles ist gut. Die Überlegung schockiert kurz bis ins Mark, um sich dann wohlig ums Herz zu legen wie ein fein geschäumter Cappuccino mit einem Schuss Baileys.

Herzlichst

Britt Hagedorn   *Sabine Altena*

Kapitel 1

Also ich an deiner Stelle ...

•

Warum Ratschläge oft ganz fiese Schläge sind

Anderen Rat zu geben, ist eine tolle Sache. Wir fühlen uns super, wenn die Welt erkennt, wie schlau wir sind. Und dürfen dabei auch noch Machtgefühle und Geltungsbedürfnis unter dem Deckmäntelchen der Hilfsbereitschaft ausleben. Komisch nur, dass diejenigen, die den Rat bekommen, sich dabei oft schlecht fühlen. Woran liegt das? Und wie klappt es besser? Unsere Devise: Ratschläge sind prima und nützlich, aber du solltest sie nicht austeilen, ohne vorher eine Legitimation einzuholen.

Die Tatsache, dass ich im Fernsehen weit mehr als zweitausend Mal öffentlich Ratschläge gegeben habe, bringt Leute auf Ideen. Zum Beispiel, mich in Beziehungsfragen zu konsultieren. „Frag doch mal Britt", hieß es häufig in meinem beruflichen und privaten Umfeld, wenn jemand nicht mehr weiterwusste. Eine praktische Sache mit Mehrwert für mich, dachte ich. Denn ich helfe gern. Außerdem mochte ich in dem speziellen Fall den Kollegen, der mir eines Tages sein Leid klagte. Damals war ich in Sachen Kommunikation noch weniger geschult als heute.

Ich hörte mir an, wie schlimm seine Frau angeblich war, dass die Ehe schon lange kriselte, jetzt kurz vorm Ende stand und dringend etwas passieren müsse. „Kannst du nicht mal mit Lisa reden?", bat er mich und stopfte mich mit verbaler Munition voll. Lisa sei unmöglich, gar nicht zu einer Beziehung fähig, müsse sich dringend ändern und dürfe nicht mehr an ihm herummeckern. Wenn ich das bitte diplomatisch an seine Frau überbringen könnte, würde es ihm besser gehen.

Warum nicht?, dachte ich. Ist ja für beide schön, wenn sie zusammenbleiben. Natürlich stürzte ich mich nicht gleich auf Lisa, sondern wollte eine gute Gelegenheit abwarten. Ich grübelte gefühlt ewig herum, wann der beste Zeitpunkt sein würde. Als wir uns bei einer Veranstaltung zufällig trafen und allein waren, legte ich los und erklärte ihr, wie ich ihre Probleme – leider aus der einseitigen Sicht ihres Mannes – sah und was sie in Zukunft alles besser machen müsse, damit die Liebe bliebe.

Im Nachhinein betrachtet, war das ganz schön bescheuert von mir. Welche Anmaßung, welche Überheblichkeit! Ich hatte im Auftrag eines anderen Ratschläge erteilt und Situationen brachial bewertet, ohne sie auch nur ein einziges Mal aus Lisas Perspektive gehört zu haben.

Gut gemeint ist leider nicht gut gemacht

Der Schuss ging nach hinten los. Lisa war stinksauer („Wie kannst du dich in meine Beziehung einmischen?"), ich beleidigt („Ich habe es doch nur gut gemeint"). Es dauerte, bis wir uns wieder versöhnen konnten. Das war eine gefährliche Kiste und ein typischer Fall für „gut gemeint ist nicht gut gemacht".

Selbst als Kommunikationsprofi bin auch ich, Sabine, nicht vor Ratschlagfallen gefeit. Ich erinnere mich noch gut, dass ich direkt nach meiner Trainerausbildung das Gefühl einfach nicht loswurde, ich müsse ständig irgendetwas Schlaues sagen. Das war nicht nur für mich tierisch anstrengend, sondern auch für meine Freundinnen und Freunde. Denn plötzlich war ich der Coach für alle Fälle und in allen Lebenslagen. Im Glauben, immer eine tolle Antwort parat haben zu müssen, analysierte ich manchmal wohl wie im Reflex. Erst als ich merkte, dass ich anderen damit ganz schön auf den Senkel ging, manchen Angst machte und einige sogar „aggro" wurden, kriegte ich die Kurve und erkannte: Ich kann vieles, aber nicht zuhören.

Als ich beim Radio arbeitete, war ich in einigen Redaktionen gefürchtet, weil ich in Meetings immer auf dem Gaspedal stand und ungeduldig über die Köpfe anderer hinweg entschied. „Langsame" Menschen fand ich furchtbar anstrengend – und für die war ich anstrengend. Das war vor meiner Trainerausbildung. Als frischgebackene Trainerin bin ich dann einer ebenso häufigen wie nervigen Sache erlegen: dem ungefragten Feedback. Das ereilt sehr viele neue Coaches und Trainer: zu viel Interpretieren, zu viel Spüren, zu viel Meinung und zu viel Helfersyndrom, weil man ja schon „bewusst" und „erleuchtet" ist. Dieses Phänomen kann man wunderschön auf Instagram und Co. beobachten – und zwar überall dort, wo mit Inbrunst Sinnsprüche gepostet werden, vor allem solche, die es schon zigfach irgendwo anders zu lesen gibt.

Warum passiert das nicht nur uns Profis, sondern auch unzähligen anderen, die mit vermeintlich netten Ratschlägen tief ins Fettnäpfchen treten? Sind Ratschläge überhaupt erlaubt, wenn sie so gewaltig schiefgehen können? Natürlich, sagen wir, denn Ratschläge sind alles andere als schlecht. Viele sind richtig nützlich, tun gut, machen groß und helfen uns durchs Leben.

Bei diesem Thema liegen die Tücken wie so oft im Detail und eher im Wie als im Was. Hört sich abstrakt an? Deutlich wird es, wenn man die verschiedenen Perspektiven betrachtet und das Ratgeben nicht grundsätzlich infrage stellt. Es gibt Menschen, die Rat verteilen, und welche, die ihn empfangen. Das ist die Basis. Beide Rollen sind völlig unterschiedlich. Es ist natürlich gar nichts dagegen einzuwenden, wenn wir andere unterstützen, indem wir ihnen mit Rat zur Seite stehen. Wir brauchen aber die Legitimation dafür. Und die müssen wir uns vom Gegenüber holen, bevor wir loslegen. Ein freundliches „Darf ich dir einen Rat geben?" reicht als Startschuss schon aus. Wenn der andere damit einverstanden ist, kann es losgehen. Aber bitte mit Gefühl.

Die Perspektive des Ratgebers

Betrachten wir erst einmal die Perspektive des Ratgebenden. Ihm geht's – zumindest am Anfang – recht gut, wenn er seine Weltanschauung herausposaunen darf. Schließlich zeigt jeder gern, wie clever er ist und was er alles kann. Wir fühlen uns kompetent, wertgeschätzt und respektiert, vielleicht sogar bewundert. Wir lieben es also, Ratschläge zu erteilen, denn das erhöht das eigene Machtgefühl. In lehrenden Berufen müsste der Zwang zum Tippsausteilen eigentlich als Berufskrankheit anerkannt werden. Ratschläge sind prima Streicheleinheiten fürs eigene Ego mit einem praktischen Zusatzeffekt: Wir müssen uns dafür noch nicht einmal sonderlich anstrengen. Denn anderen etwas vorzuschlagen, ist meist leichter, als es selbst zu tun. Also laufen wir zur Hochform auf. Kommt noch ein wenig Neigung zum Größenwahn hinzu, überschätzen wir uns leicht. Wir belästigen andere und werden Nervbolzen, wenn jeder Satz beginnt mit „Also ich in deiner Situation würde ...".

Zwischenmenschliches Verhalten löst Machtgefühle aus. Auf der Basis dieser Erkenntnis untersuchte ein Team um Michael Schaerer von der Singapore Management University den Zusammenhang von Macht und Ratschlägen. Dabei stellten die Forschenden fest, dass jemand, der als Ideengeber fungiert, sein eigenes Machtgefühl stärkt. Logisch, dass diejenigen, die nach Macht streben, sehr gern beraten. Demnach gilt: Wer nach Macht strebt, teilt eher großzügig und ungefragt Ratschläge aus und weiß es zu schätzen, dass er dabei unter dem Deckmäntelchen der Hilfsbereitschaft vorgehen kann. Macht und Ratschlaggeben spielen dynamisch zusammen. Das gilt übrigens nicht nur für typische Machthaber und Nach-Macht-Streber. Auch Menschen, die nicht viel mit Führungswillen am Hut haben, spüren die wohltuende Wirkung.

Aus der Sicht des Empfängers

Ungemütlich wird's dann für die Gegenseite. Denn jede Predigt braucht einen Zuhörer, um nicht ins Leere zu gehen. Natürlich wäre es klasse, wenn andere geduldig zuhören, artig danken, das Erlernte umsetzen und drei Tage später positiv feedbacken („Das war wirklich ein toller Rat von dir. Jetzt ist bei mir alles wieder gut"). Wenn wir ehrlich sind, müssen wir zugeben, dass das eher selten vorkommt. Und wenn, dann in praktischen Dingen. Wie erstellt man eine Exceltabelle? Wo gibt's einen günstigen Handytarif? Wie kriege ich mein Klo ohne chemische Keule sauber? Hast du ein Rezept für Suppe mit Kokosmilch und Currypaste? Auf der Sachebene flutscht das, doch sobald Emotionen ins Spiel kommen, bebt die Erde.

Aus der Sicht des Empfängers sind Ratschläge häufig Belehrungen, Angriffe, Beleidigungen oder Demütigungen. Der Vorschlag, etwas besser zu machen, impliziert unausgesprochen, dass das Bisherige nicht gut war. Und das trifft tief ins Herz, ins Epizentrum der Emotionen. Faustregel: Kommt der Rat ungefragt, gefällt er meist nur dem, der ihn gibt.

Minenfeld Job

Die folgende Situation ist aus dem Berufsleben gegriffen und du hast sie vielleicht selbst schon erlebt oder warst sogar selbst betroffen. Stell dir vor, eine Kollegin hat folgendes Problem: Die Chefin meckert regelmäßig an ihr herum, kritisiert ihre Arbeit vor allen. Die Betroffene heult sich bei den Kollegen aus und fragt: „Wie soll ich bloß damit umgehen?" Nun baut sich einer nach dem anderen vor ihr auf: „Wie kann man nur so empfindlich sein!" – „Nimm's positiv!" – „Ich an deiner Stelle würde einfach mal zurückbrüllen" – „Ich habe kein Problem damit, ich höre einfach weg" – „Ich habe drei Jahre mit einem Chef ausgehalten, der noch viel schlimmer war" ...

Hilft das der Kollegin weiter? Wahrscheinlich nicht. Stattdessen weiß sie jetzt, dass die anderen sie mimosenhaft finden, dass ihre Sicht auf die Welt zu düster ist, dass sie zu ängstlich ist und eigentlich gar nicht in diesen Beruf passt. Und sie wird mit großer Wahrscheinlichkeit das Gefühl haben, als hätten die lieben Kollegen nur darauf gewartet, auf ihr herumhacken zu dürfen. Und noch schlimmer: Sich auch noch die Mitschuld dafür geben. Sie hat schließlich gefragt.

Anregen statt herunterputzen

Wie schade, wenn sich die Situation wirklich so abspielt, denn hier könnte vieles besser laufen. Ein Mensch mit mehr Bewusstheit über Kommunikation kann gute Anregungen liefern:

✚ Wie wäre es, die meckernde Chefin um ein Feedbackgespräch zu bitten (Read more: „Ich muss mal mit Ihnen sprechen!", S. 124 ff.)? Vielleicht stellt sich dabei heraus, dass sie das gar nicht so meint. Oder selbst unter Druck den Kopf verliert und sich entschuldigt.

✚ Eine andere Strategie: Du bist ein gelassener Typ, meisterhaft im Meditieren und cool genug, den Sturm einfach an dir vorbeiziehen zu lassen und deine Emotionen auszuschalten? Dann konzentrier dich nur auf einen Gedanken: „Ich nehme das nicht persönlich." Ist eine prima Lösung, gelingt aber leider kaum jemandem.

✚ Verbündete helfen meist besser. Gibt es einen Mentor, eine Chefin oder einen Chef der meckernden Chefin? Du kannst dort um ein Gespräch bitten. Es ist wichtig, aus der Opferrolle herauszukommen und auf Augenhöhe zu arbeiten.

+ Andere Variante: Find heraus, ob nur du leidest. Bist du nicht allein, ist Aussitzen vielleicht eine energiesparende Option. Führungskräfte, die mit vielen Leuten Probleme haben, halten sich oft nicht lange.

+ Nicht vergessen: Wenn sich nichts ändert, hast du langfristig immer noch die Möglichkeit, zu kündigen oder in ein anderes Team zu wechseln. Denn manche Menschen lassen sich einfach nicht ändern. Darauf zu warten, wäre verschwendete Lebenszeit.

Erste Hilfe, wenn es dich trifft

Ratschläge ohne Legitimation sind unangenehm. Trotzdem muss eine Begegnung mit ungebetenen Tipps nicht zur Katastrophe werden. Denn viele Menschen sind sich über die Wirkung nicht im Klaren. Wenn dir das passiert, hast du immer noch Rettungsanker:

+ Um das Thema in eine andere Richtung zu lenken, fragst du zurück: „Du würdest mir raten, mein Kind früher schlafen zu legen. Hast du selbst Kinder? Wie kriegst du die zeitig ins Bett?" Oder, wenn dein Gegenüber kein Kind hat: „Kennst du Familien, in denen das klappt? Das würde mich interessieren."

+ Nimm den ungebetenen Tipp als Aufhänger für ein hoffentlich angenehmeres Gespräch. Ein Kollege rät dir zu mehr Sport? Du übergehst die möglichen Hintergedanken und erzählst eine Anekdote aus deiner Kindheit aus der Volleyballmannschaft – und schon seid ihr bei einem anderen Thema.

Klugscheißen unter Eltern

Ratschläge an Eltern? Ganz gefährliches Terrain! Man kann sich dabei eigentlich nur die Finger verbrennen, sodass man sich besser komplett heraushält. Wer insbesondere bei einer Mutter klugscheißen will, versetzt ihr meist einen regelrechten Dolchstoß ins Herz. Denn so gut wie jede ungebetene Einmischung kommt als Belehrung und Kritik rüber. Wenn die Mutter eines kleinen Gelassenheitswunders ein ADHS-Kind beobachtet und sie beiläufig erwähnt, dass bei ihr zu Hause feste Rituale Liebe und Geborgenheit vermitteln und alle ganz artig am Tisch sitzen, muss sie noch nicht einmal verbal nachtreten („Versuch das doch auch mal"). Sie hat ja schon gesagt, dass es Zappelchens Mama an der Mutterkompetenz schlechthin fehlt: an der Fähigkeit, dem eigenen Kind Liebe zu geben. Schlimmer geht's nimmer.

Selbst im Small Talk grassiert die Seuche. Wildfremde Leute flöten beim Anblick eines Kleinkindes los: „Oh, süß, Mädchen oder Junge? Wie alt ist es denn?" Kaum hat die stolze Mutter geantwortet, nimmt der selbst ernannte Experte das als Stichwort für Ratattacken. „Als mein Sohn in dem Alter war, hatten wir die Windel schon abgelegt. Frühes Töpfchentraining, sage ich nur."

Ob es um Einschlafen, Essen, Schreien, Trotzen, Streiten oder anderen Alltagskram geht – hier kann man nur mantramäßig herunterbeten: Jedes Kind ist anders, jede Familie ist anders. Niemand muss mit anderen verglichen werden. Und das ist gut so. Beiß dir lieber auf die Zunge, als mit einem ungebetenen Rat auf der Verhaltensebene herauszuplatzen. Ausnahmen gibt es wirklich nur wenige. Sie gelten in der Elternszene allenfalls im Bereich Taktik und Technik: Welcher Möhrchenbrei ist gut? Wer kennt einen tollen Babysitter? Etc. Hier sind Eltern froh um Tipps. Es kann auch passieren, dass du explizit um Rat gefragt wirst und zufällig jemanden kennst, der genau dieses Problem schon gelöst hat. Dann ist die Legitimation tatsächlich da.

✚ Wenn jemand glaubt, dir sagen zu müssen, dass es mal Zeit für eine andere Frisur wird, darfst du zugeben, wie das auf dich wirkt: „Ich habe das jetzt als Kritik an meinen Haaren verstanden. Ist das wirklich so gemeint?"

✚ Wenn ein Ratschlag überhaupt nicht passt, lehnst du höflich ab: „Ich glaube, das ist nichts für mich."

Du wirst um Rat gefragt? – Hier kommen unsere Don'ts

Auch wenn du zu den vorbildlichen Beratern zählst, die sich nicht ungefragt aufdrängen und ihr Gegenüber mit ihrem Wissen nerven, ist dem anderen noch nicht unbedingt geholfen. Denn das System des Ratgebens ist fehleranfällig.

Bestenfalls bittet dich jemand anders um einen Rat und gibt dir damit die Legitimation zum Senfabgeben. Du freust dich oder fühlst dich geschmeichelt. Und auch der Ratsuchende freut sich, dass er einen netten Menschen gefunden hat, und fühlt sich ebenfalls geschmeichelt. Schließlich zeigst du ihm, indem du dich mit ihm beschäftigst, dass er dir wichtig ist. Das ist erst einmal sehr gut. Doch sobald es losgeht, schleichen sich meist unbewusst typische Fehler ein, die bei Ratsuchenden Unbehagen auslösen – und zwar auch dann, wenn der Ratschlag eigentlich klug ist. Dazu gehören:

1: Wir schließen von uns auf andere

„Ich kann zu Hause so schlecht lernen", klagt der Studierende, „ich weiß gar nicht, wie ich mein Studium überhaupt schaffen soll." Reflexartig springt sein beratender Mensch gedanklich

zurück in seine eigene Studienzeit „Also ich habe mich damals immer in die Bibliothek gesetzt. Das hat geholfen."
Besser: Überleg zuerst, ob deine Situation mit der des anderen vergleichbar ist. Erkundige dich, in welchen Situationen genau das Lernen schwerfällt. Was lenkt ihn ab? Stell ruhig weiterführende Fragen: Wann ist das Lernen mal besonders gut gelungen? Auf welche Art und Weise lernt er? Was macht ihm beim Lernen Spaß, was ist eher eine Qual?

2: Wir neigen zum vorzeitigen Lösungserguss

Kaum hat das Gegenüber den Mund aufgemacht, um etwas zu sagen, da wird es auch schon mit der Lösung des Problems abgefertigt: „Du musst das so machen und gar nicht länger drüber nachdenken."
Besser: Erst mal cool bleiben und den Mund halten. Oft will der andere nämlich gar nicht unbedingt eine Lösung oder zumindest nicht sofort, sondern erst mal klagen. Das kann sehr befreiend sein und hilft, um Dampf abzulassen. Dann ist Trost wichtiger als ein Rat.

3: Wir hören nicht richtig zu

Wenn jemand um Rat bittet, rattert es meist im Hirn des übereifrigen Ratgebers. Juhu, da findet mich jemand so toll, dass er mich fragt. Da muss es aus mir herausprudeln wie aus einem Wasserfall. Warum noch zuhören? Ich weiß die Lösung doch schon und möchte damit auch nicht länger hinterm Berg halten.
Besser: Nicht sofort seinen Senf dazugeben. Den Ratsuchenden erst einmal ausreden lassen und eventuell bei Unklarheiten nachfragen. Was ist genau passiert? Wer war beteiligt? Wie kam es zur Eskalation eines Konfliktes?

4: Wir haben eine einzige All-in-one-Lösung

„Ich würde ja so gern mit dem Rauchen aufhören. Aber ich schaffe es einfach nicht. Wie hast du das denn hingekriegt?", fragt der Raucher die Ex-Raucherin. Nichts schöner als das, denkt sie. Denn auf diesem Gebiet hält sie sich für eine wirklich gute Ratgeberin; schließlich hat sie ihre Kompetenz in Sachen Aufhören als ehemalige Raucherin schon unter Beweis gestellt, weil sie ja eben nicht mehr raucht. Ihr Rat: „Heute Abend die letzte Zigarette und dann nie wieder. Das ist die einzig mögliche Lösung. So habe ich das gemacht, und anders geht's nicht." Das ist ein Trugschluss.

Besser: Wie bei den meisten Themen gibt es beim Rauchstopp nicht nur eine Lösung, sondern viele verschiedene Strategien, die bei jedem anders wirken. Ob mithilfe einer Verhaltenstherapie, mit Medikamenten, die den Abschied vom Glimmstängel erleichtern, oder Zigarettenalternativen – verschiedene Möglichkeiten statt einer All-in-one-Lösung sollten im Mittelpunkt des Beratungsgesprächs stehen.

5: Wir machen es uns zu leicht

Die Freundin steht kurz vorm Burn-out. „Ich habe so viel zu tun, ich weiß gar nicht mehr, wo mir der Kopf steht." „Puh, Allerweltsproblem, da fällt mir auch nichts ein", denkt der auserwählte Berater. Er will aber trotzdem kompetent wirken und flüchtet sich in Phrasen: „Das Leben ist kein Ponyhof/Zuckerschlecken/Kinderspiel. Wir haben es alle nicht leicht. Kopf hoch."

Besser: Auch wenn viele gern über Stress klagen (wirkt so schön wichtig), kann das ein ernster Hinweis sein. Statt es sich leicht zu machen und pauschale Durchhalteparolen abzuliefern, frag gezielt nach: Seit wann bestehen die Probleme? Was ist vorher passiert? Würde es helfen, wenn ich mit dir nach Lösungen suche?

6: Wir treten als Trampeltier auf

Jemand hat Bulimie und du willst helfen? Dann gehen naheliegende Tipps leicht über die Lippen. „Iss doch mal was" oder „Ich finde, ein bisschen mehr würde dir gut stehen". Einem Menschen mit Depressionen „Lach doch mal wieder" oder „Geh mal an die frische Luft" zu empfehlen, ist ebenso unangemessen, wie einem Krebskranken die Vorzüge von grünem Tee als Allheilmittel zu predigen.

Besser: Wer ernsthafte Probleme hat, ist Kummer mit vermeintlich guten Ratschlägen gewohnt. Da muss niemand verbal nachtreten. Totschweigen und so tun, als wäre nichts, ist aber auch keine Lösung. Kommt das Thema zur Sprache, darf man gerade auch bei Menschen, die einem nahestehen, ruhig nachfragen: Willst du drüber reden? Heute, morgen, vielleicht ein anderes Mal? Lieber gar nicht?

7: Wir weisen dem Ratsuchenden die Schuld zu

Haus, Hund, Hof und vier Kinder – da wissen auch Menschen oft nicht weiter, die ihr Leben sonst gut im Griff haben. „Und jetzt muss in der Firma auch noch der Jahresabschluss fertig werden. Wie soll ich das bloß alles schaffen?" Für viele Außenstehende ist der Fall klar: „Selber schuld. Warum schaffst du dir vier Kinder an und bist auch noch berufstätig? Klar, dass du da zeitlich in Schwierigkeiten kommst." Wer als Ratgeber so reagiert, kann relativ sicher sein, nie wieder um Hilfe gebeten zu werden.

Besser: Eine Analyse in aller Ruhe hilft mehr als fixe Schuldzuweisungen. Wo gibt's Möglichkeiten zur Entlastung? Wer kann miteinbezogen werden? Was erleichtert den Alltag? Oder wie befreit man sich vom Perfektionismus? Meist gibt es mehrere Stellschrauben, an denen man drehen kann.

8: Wir sind zu ungeduldig

Wenn jemand uns mehrmals in derselben Sache um Rat fragt, neigen wir zur Ungeduld: „Das habe ich dir schon mal gesagt. Warum hörst du nicht auf mich?" Der Ratsuchende fühlt sich ertappt und hat ein schlechtes Gewissen.
Besser: Überleg dir, warum dein Rat nicht angenommen wurde. War er vielleicht unangemessen oder zu schwierig umzusetzen? Hast du ihn schlecht rübergebracht? Kannst du das – vielleicht nach der Lektüre dieses Buches – besser? Bezieh den Ratsuchenden in deine Überlegungen mit ein und geht gemeinsam auf Ursachensuche.

JETZT DU

Aufraff-Helferlein

Du hast Motivationsprobleme? Dann spring öfter mal als Ratgeber für andere ein, denen es ähnlich geht. Wie ist das denn zu verstehen?, fragst du dich vielleicht. Forscherinnen der University of Pennsylvania fassten ihre Erkenntnisse dazu folgendermaßen zusammen: Gute Ratschläge zu geben, beeinflusst die Motivation stärker positiv, als welche zu bekommen. Das heißt: Deine eigene Motivation, Dinge zu tun, wird besser, indem du anderen hilfst. Möglicherweise liegt es daran, dass zuerst das Selbstbewusstsein steigt, wenn man Tipps geben darf, und die Motivation sich dadurch von allein erhöht.

Fazit: Wer also bei einem Thema nicht in die Hufe kommt, um seine Ziele umzusetzen, sollte andere genau auf diesem Gebiet motivieren. Zu den Teilnehmern der Studie gehörten neben Schulkindern mit Lernschwierigkeiten auch Menschen, die Probleme bei der Jobsuche, im Umgang mit Geld und mit Aggressionen hatten.

Von wegen Fresse halten:
Wer darf eigentlich beraten?

„Wenn man keine Ahnung hat, einfach mal die Fresse halten." Die Erkenntnis des Kabarettisten Dieter Nuhr ist populär und wird gern zitiert. Sie hat aber einen Haken: In Bezug auf Ratschläge stimmt sie nicht. Tipps geben darf jeder, auch wenn er kein Superexperte auf einem Gebiet ist. In vielen Fällen sind Laien sogar besser zu gebrauchen als Profis, weil sie nicht dozieren, sondern analysieren, um selbst ins Thema zu kommen.

Ältere geben Jüngeren eher Ratschläge als umgekehrt, weil sie mehr Erfahrung haben, heißt es häufig. Ob das stimmt, hängt wohl eher von der Persönlichkeit als vom Geburtsdatum ab. Selbst Freundschaft ist keine Erfolgsgarantie. Studien haben gezeigt, dass enge Freunde nicht die besten Ratgeber sind. In vielen Fällen stehen sie einem einfach zu nah, haben zu viel Mitgefühl und lassen sich vom Leid genauso ergreifen wie der Betroffene selbst. Das kann tröstlich sein, es fehlt aber der Ansatz zum Perspektivenwechsel. Beide Beteiligten verrennen sich in negative Gefühle, suchen Schuldige statt Lösungen.

Auch wir haben die Erfahrung gemacht: Wer gute Ratgeber finden möchte, sollte sich in erster Linie empathische Menschen suchen, die zuhören können, interessiert sind, Fragen stellen und zum Nachdenken anregen. Kooperation statt Konfrontation. Dabei gilt: Je persönlicher das Thema, desto wichtiger ist die Legitimation zum Ratgeben.

Ratschläge geben, aber richtig

Nachdem du dieses Kapitel gelesen hast, fühlst du dich hoffentlich ein bisschen erleuchtet: Wow, ich habe was gelernt! Damit's auch unter Stress klappt (oder wenn du mal schnell was nachschlagen willst, weil dir die Worte fehlen), haben wir die **Dos** und **Don'ts** in Sachen **„Senf dazugeben"** noch mal zusammengestellt:

Diese Formulierungen besser meiden:

- Also ich an deiner Stelle …

- Meine Devise war immer …

- Wie kann man nur so …

- Ich könnte das nicht.

- Das ist falsch.

- Du bist ganz schön dämlich.

- Mach dir nichts draus. Die Zeit heilt alle Wunden (oder andere Plattitüden).

- Ich hatte nie ein Problem damit.

- Ich habe dir doch schon mal gesagt …

<u>So ist es viel schöner:</u>

- Möchtest du, dass ich dir einen Rat gebe?

- Wie kann ich dir helfen?

- Habe ich es richtig verstanden, dass du ...?

- Könntest du mir ein bisschen mehr zum Hintergrund erzählen?

- Das musst du mir genauer erklären, damit ich es überhaupt verstehe.

- Wie sieht das Problem denn aus deiner Sicht genau aus?

- Hast du schon mal überlegt, wie andere Beteiligte das sehen?

- Echt schlimm, was dir passiert ist.

- Ich verstehe dich gut. Das tut wirklich weh.

- Darf ich dich einfach mal in den Arm nehmen?

Kapitel 2

Versetz dich mal in meine Lage

●

Warum wir richtig zuhören müssen,
um besser zu verstehen

Ohren auf und rein damit? Von wegen. Ob du es glaubst oder nicht: Zuhören ist eine echte Kunst. Unter Führungskräften, Nervbolzen, schlecht gelaunten Partnern, liebsten Freundinnen und besten Feinden – nur wenn wir bewusst aufnehmen, was andere sagen, können wir sie wirklich verstehen und kluge Entscheidungen treffen. Dafür müssen wir uns Zeit nehmen und bereit sein, uns selbst zurückzuhalten, auch wenn es schwerfällt. Aktives Zuhören statt selbst zu reden, lautet die Zauberformel.

M eine Freundin heult Sturzbäche. Ihr Typ hat sie betrogen. Und ihre Welt steht Kopf ("Warum muss mir das passieren, Britt? Wir sind doch eigentlich glücklich"). Früher hätte ich in Anbetracht von so viel Elend gar nicht gewusst, was ich sagen soll. Mir wären tausend Überlegungen durch den Kopf geschossen: Braucht sie jetzt Ratschläge? Helfen Interpretationen? Wollen wir gemeinsam nach Gründen suchen, um das Desaster zu erklären? Soll ich trösten nach dem Motto "Der war es eh nicht wert"? Alles Quatsch. Zumindest jetzt.

Zum Glück habe ich in meiner Kommunikationsausbildung gelernt, was erst einmal das Wichtigste für sie ist: Es muss jemand da sein, der einfach nur zuhört. Und sonst nichts. Das fällt mir ehrlicherweise verdammt schwer, aber ich tue es. Meine Freundin erinnert sich, wie alles anfing mit ihrem Steffen. Wie zauberhaft die ersten Monate waren. Wie erste Wolken aufzogen, das Paar durch Himmel und Hölle ging – bis beide sicher waren, dass sie zusammengehören. Ein Kind bekamen, ein Haus bauten und gemeinsam Krisen meisterten. Das ganze Programm. Und dann hat der Mistkerl plötzlich eine andere. Ohne Vorwarnung. Aus heiterem Himmel. Er hat es nicht mal bestritten. Versetz dich mal in meine Lage! Schlimmer geht's doch gar nicht. Jetzt möchte sie nur eins hören: Was für ein Idiot! Verständnis und ein offenes Ohr statt Analysen. Das zu geben, ist eigentlich gar nicht schwer – und trotzdem gelingt es viel zu selten, selbst einem Talkprofi wie mir, der schon vielen Menschen in seinen Sendungen zugehört hat.

Die meisten hören sich am liebsten selbst reden

Woran liegt es? In der Regel hören wir leider nicht zu, um etwas zu verstehen, sondern um zu antworten. In unserer Gesellschaft herrscht offenbar die Annahme, dass vor allem das Gesagte zählt. Wer schweigt, gilt als passiv. Wer spricht, wird wahrgenommen und kommt in den Genuss, andere beeinflussen zu können. Ganz nach dem Motto: Schweigen ist Silber, Reden ist Gold. Vor allem im Job gilt die Viellaberei (leider) immer noch als Erfolgsrezept, um sich durchzusetzen, sich zu präsentieren und zu überzeugen.

Hinzu kommt: Viele Menschen hören lieber sich selbst als andere reden. Häufig geht das sogar so weit, dass jemand im Dialog nur auf Dinge eingeht, die er anders sieht, um Macht zu demonstrieren und Aufmerksamkeit auf sich zu lenken. Das kann im Small Talk funktionieren, blockiert aber richtige Gespräche. Denn die Zuhörenden dienen nur als Stichwortgeber für die Redenden. Es findet kein Austausch statt. Der öde Monolog bleibt nicht ohne Folgen: Wir hören nicht richtig zu und urteilen zu schnell – und das, obwohl wir es eigentlich besser wissen.

In einer Meinungsumfrage sagten 80 Prozent der Deutschen, dass Zuhören unentbehrlich für ein gutes Gespräch ist. So weit die Theorie. Wie aber sieht die Realität aus? Beherrschen auch wirklich so viele von uns die Kunst des Zuhörens?

Eine unterschätzte Fähigkeit

Was können wir tun, um scheinbar banales Hinhören zu erlernen? Zuerst einmal geht es darum, ein Bewusstsein für diese wertvolle Fähigkeit zu entwickeln. Denn allein die Tatsache, dass wir funktionierende Ohren haben, reicht nicht aus. Aktives Zuhören erfordert weit mehr als das bloße „körperliche" Hören von akustischen Signalen. Um wirklich etwas mitzukriegen, musst du mehr tun, als nur still zu sein, wenn andere reden. Leider wird diese Fähigkeit oft unterschätzt. Wir tun so gut wie nichts dafür, um uns in dieser Disziplin zu verbessern – einfach weil wir gar nicht wissen, wie wichtig sie sein kann. Dabei gehört Zuhören heute im Beruf zu den Schlüsselqualifikationen. Es ist ein Wunderwerkzeug, das dir überall hilft. Gleichzeitig brauchst du dafür jede Menge Energie – in Form von Aufmerksamkeit, Konzentration und Disziplin. Neben den akustischen Reizen nimmst du schließlich mit allen Sinnen wahr. Vor allem unsere Augen sind aktiv und lenken schnell vom Inhalt ab. Das fällt uns zum Beispiel dann auf, wenn wir jemandem vorgestellt werden. Das heißt: Namen austauschen, lächeln, dem anderen in die Augen schauen – und schwups, zwei Sekunden später ist der Name schon wieder vergessen. Auch der Ton spielt eine Rolle; er macht die „Musik" und transportiert Emotionen. Somit ist er viel wertvoller für uns zur Interpretation als purer Inhalt. Wie wirkt es auf dich, wenn dir jemand sagt, wie sehr er sich freue, und dabei weder lächelt noch fröhlich klingt?

In einem vierstufigen Modell erklärt der Kommunikationspsychologe Professor Lyman K. Steil, wie Zuhören genau funktioniert. Zuerst nehmen wir etwas mit den Ohren wahr und begreifen den Kontext über die Körpersprache. Im nächsten Schritt interpretieren wir das, was wir gehört haben, und ordnen es ein, indem wir es mit eigenen Erfahrungen abgleichen. Dann entscheiden wir: Kann ich das annehmen oder lehne ich es ab? Je nachdem, wie die Antworten auf diese Fragen ausfallen, reagieren wir auf das Gehörte – entweder mit oder ohne Worte.

Ruhe bitte: Acht Tipps für besseres Zuhören

Gutes Zuhören erfordert neben ein paar Techniken vor allem die Bereitschaft, über die eigenen Gewohnheiten und Verhaltensweisen im Gespräch mit anderen nachzudenken. Hier kommen die Basics, die dir dabei helfen:

1: Nimm dir Zeit

Ein gutes Gespräch erfordert ausreichend Zeit zum Zuhören. Wenn du ungeduldig ans Werk gehst, passieren schnell die typischen Fehler. Unter den üblichen Verdächtigen sind das: zu schnell bewerten, voreilig Rat geben, nur die eigene Ansicht herausposaunen, selbst reden wollen, die Welt des anderen nicht wahrnehmen und so weiter. Ein Thema, das aufmerksames Zuhören erfordert, funktioniert nur ganz selten zwischen Tür und Angel. Eine gute Lösung: Ob online oder persönlich – verabrede dich zu einem festen Termin für ein Gespräch, damit es für niemanden ungelegen kommt oder unter Zeitdruck stattfinden muss.

2: Schalt Störfaktoren aus

Ob du selbst etwas loswerden möchtest oder jemand sich an dich wendet – beides erfordert Konzentration. Zuhören sogar häufig noch mehr als das Reden, denn Quasseln fällt den meisten Menschen leichter. Sorg dafür, dass ihr ungestört seid. Das Smartphone bleibt ausgeschaltet. Der Fernseher muss nicht nebenbei laufen. Und selbst Musik kann stören. Was funktioniert und in Lockdownzeiten einen regelrechten Boom erlebt hat: Verabrede dich mit anderen zu einem Redespaziergang in der Natur oder in einer Gegend, in der ihr wenig von außen abgelenkt werdet. Nicht nur frische Luft tut gut. Auch die Bewegung hat etwas Befreiendes, sorgt für Stressabbau und hilft dabei, überkochende Emotionen herunterzufahren.

3: Bewerte nicht

„Selber schuld" – „War doch klar, dass das passieren musste" – „Komische Idee von dir"– „Muss das wirklich so teuer sein?" – „Habt ihr euch das gut überlegt? Ich würde lieber…" Sehr viele Menschen reagieren auf das, was sie hören, mit Wertungen. Dabei verhalten sie sich ähnlich wie beim unerwünschten Ratgeben (Read more: S. 12 ff.). Sie wollen eigentlich kein Gespräch führen, sondern einen unausgesprochenen Wettkampf gewinnen. Wenn du dich dabei erwischst, mache dir klar, dass die Gedanken der anderen nicht automatisch Gegenargumente erfordern, sondern erst einmal verstehende Zuhörer. Brems dich, sobald du glaubst, etwas besser zu wissen oder deinem Gegenüber belehrende Tipps geben zu müssen, ohne dir die Legitimation dafür zu holen. Versetz dich in die Lage des anderen, statt ihn zu beurteilen.

4: Zeig Verständnis

Mit einem einfachen Satz wie „Ich kann gut verstehen, dass du fix und fertig bist" oder „Das tut mir wirklich leid, dass dir das passiert ist" zeigst du wohltuendes Verständnis. Zusätzlich stehen dir auch eine Reihe von zustimmenden Gesten zur Verfügung. Du kannst mit dem Kopf nicken, „Ja", „Okay", „Aha" oder „Mmmm" sagen. Vor allem am Telefon ist kurzes Lautgeben wichtig, weil der andere sonst nicht weiß, ob sein Gesprächspartner überhaupt noch in der Leitung ist. Sitzt man sich gegenüber, unterstreicht eine offene zugewandte Körperhaltung echtes Verstehen. Blickkontakt und Lächeln signalisieren Offenheit. Wenn du einen Schritt weiterkommen möchtest, kannst du elegant und mit der Demonstration von Verständnis herausfinden, ob ein Rat erwünscht ist: „Echt verdammt schwierige Situation, in der du da steckst. Kann ich irgendetwas tun, um dir zu helfen?"

5: Geh mit allen Sinnen auf Empfang

„Och, wenn ich nur zuhören muss, habe ich ja nicht viel zu tun." Wer so denkt, verspielt das Vertrauen, das andere zu ihm haben. Zuhören heißt nicht, dass du schweigen musst. Du darfst nicht eindösen, sondern musst immer geistesgegenwärtig sein – auch wenn du hinterher platt bist. Zuhören ist nämlich kräftezehrend. Du stellst alle Sinne auf Empfang, beobachtest Kleinigkeiten, auf die du eingehst: „Ich merke, dass dir die Stimme flattert, wenn es um das Thema Geld geht. Ist das ein wunder Punkt in eurer Beziehung?" – „Das klingt für mich ziemlich aggressiv. Das ist dir ganz schön nahegegangen, oder?"

6: Sei bereit dazuzulernen

Begegne allen Gesprächspartnern auf Augenhöhe – auch wenn du dich vielleicht unter- oder überlegen fühlst. Das heißt nicht, dass du anderen uneingeschränkt recht geben musst, nur um kein Gefälle zu erzeugen. Wenn du anderer Meinung bist, kannst du das mit Nachfragen schöner zum Ausdruck bringen als mit Vorwürfen. Statt „Das ist doch kein Grund, frustriert zu sein", sagst du: „Ich merke, dass du frustriert bist. Was genau hat dazu geführt?" Oder du greifst etwas auf, das bereits erzählt wurde: „Du hast am Anfang unseres Gesprächs erwähnt, dass dein Ex auch mit anderen Freundinnen Probleme hatte. Könntest du mir das genauer erklären?" Signalisier Lernbereitschaft, indem du Gesagtes zusammenfasst („Kann ich dein Problem folgendermaßen korrekt beschreiben?").

Wenn du an der Reaktion merkst, dass etwas noch unausgesprochen ist, greifst du es auf: „Ich habe das Gefühl, dass du unzufrieden bist. Dein Ja klang etwas zögerlich. Gibt es noch etwas, das wir besprechen sollten?"

7: Nutz Umwege

Um neue Sichtweisen ins Gespräch zu bringen, aber nicht oberlehrerhaft rüberzukommen, kannst du auch andere vorschieben. „Ich habe mal gelesen, dass man nach einer Trennung erst mal verreisen sollte, um auf andere Gedanken zu kommen. Wär das was für dich?" Dann wartest du ab, wie der andere reagiert. Ihr könnt den Gedanken gemeinsam verwerfen oder gleich einen Trip nach Venedig buchen. Ebenfalls wirksam: „Ein Sprichwort sagt ‚Die Zeit heilt alle Wunden'. Meinst du, dass da etwas dran ist? Was würde das für dich in deiner Situation bedeuten?"

8: Freu dich mit anderen

Gute Zuhörer outen sich übrigens auch als solche, wenn sie bei tollen Nachrichten von anderen nicht gleich vor Neid erstarren und sprachlos bleiben. Das ist leider menschlich. Oft überkommen uns schlagartig negative Gefühle, wenn wir hören, wie super es anderen gerade geht. Wut, Neid oder Frust, weil es bei einem selbst nicht so läuft – die Ursachen sind vielfältig. Trotzdem lohnt es sich, über den eigenen Schatten zu springen und auch bei Erfolgen aufmerksam zu lauschen. Mit einem „Schön für dich" ist es nicht getan, denn der schnippische Unterton ist kaum zu überhören. Auch hier gilt: Erkundige dich nach Details. Dein Gegenüber jubelt über ein tolles Jobangebot? Du kannst zum Beispiel fragen, wie das Bewerbungsgespräch gelaufen ist, was den Ausschlag gegeben hat und was das für die Zukunft bedeutet.

Umgekehrt rechnest du als empathischer Mensch natürlich damit, dass andere neidisch sind, wenn du mit deinen Erfolgen triumphierst. Als Sieger stehst du fast immer auf dünnem Eis.

Britt: Ich wollte doch nur spielen

Auch ich bin mal in die Juhu-Falle getappt, ohne die Gefahr rechtzeitig zu erkennen. Denn ich bin eine miserable Gewinnerin. „Was soll das denn sein?", fragst du dich jetzt wahrscheinlich, weil du nur schlechte Verlierer kennst. Aber es gibt auch mich. Ob Rommé, Wissensquiz oder Memory – wenn ich spiele, dann mit Leidenschaft. Da hatte ich mal einen giftigen Gegner, der frech agierte und mich so richtig ansporonte, dagegenzuhalten. Zuerst lief es zäh, dann kam Spannung rein. Ich drehte auf und provozierte. Als ich am Ende völlig überraschend gewann, flippte ich aus vor Freude. Ich muss echt großkotzig aufgetreten sein und fand das auch noch witzig. Er nicht; er wollte danach nicht mehr gegen mich antreten. Ich war erschrocken. Huch! Wie konnte das passieren? Ich wollte doch nur spielen. Fand ich. Aber eben nur ich.

Es herrschte eine Zeit lang Funkstille zwischen uns, bis wir sehr viel später drüber sprachen und die Sache klärten: „Du überschätzt die Wirkung deiner Sprache als Waffe", sagte er mir. Ich dachte lange darüber nach und beschloss, mich in meiner Freude künftig etwas zurückzuhalten.

Hättest du das gedacht?

Welches Ohr hört besser? Warum können Männer Geräuschquellen genauer identifizieren als Frauen? Werden wir im Laufe des Lebens bessere Zuhörer? Die Wissenschaft kann einiges zum Thema Zuhören beitragen. Forschende fanden unter anderem heraus, dass …

… wir über die Ohren 400 Wörter pro Minute aufnehmen können, beim Sprechen aber nur 125 schaffen.

… unsere Ohren unterschiedlich gut hören. Mit dem rechten geht's besser als mit dem linken. Wer unter schwierigen akustischen Bedingungen gehört werden möchte, sollte seinem Gegenüber daher ins rechte Ohr sprechen.

… das Hörvermögen wenig bis gar nichts mit Zuhören zu tun hat. Wer nicht gut hört, ist deshalb noch lange kein schlechter Zuhörer. Das trifft nur bei physischen oder psychischen Hörschäden durch Alter oder Krankheiten zu.

… Vielredner schlechter verhandeln. Der US-amerikanische Autor und Verhandlungsexperte William Ury hat in Studien belegt, dass aktive Zuhörer besser überzeugen als Dauerredner, die nur ihre eigenen Argumente anführen und nicht auf andere eingehen.

… Männer als Zuhörer nicht so schlecht sind wie ihr Ruf. Sie können nämlich Geräuschquellen bei Lärm besser identifizieren als Frauen. Das soll evolutionsbedingt sein, da Männer einst Jäger waren und dafür einen guten Hörsinn brauchten.

… die Sache mit dem Zuhören in der zweiten Lebenshälfte leichter wird. Ob wir einfach mit den Jahren weiser werden? Mit zunehmendem Alter soll zumindest die Fähigkeit, aktiv lauschen zu können, sich verbessern. Das gilt aber nicht für die Bereitschaft, es tatsächlich zu tun.

Vorsicht, dass du kein Opfer wirst

Wenn du bis hierhin aufmerksam gelesen hast, wirst du vielleicht hin und wieder die Augen verdreht und dich gefragt haben: Soll ich die Schnarchnase Horst auch noch bestätigen, wenn er die immer gleichen öden Geschichten auftischt? Muss ich dem Kollegen Superdaddy echt applaudieren, wenn er wieder mit Wichtiggesicht erzählt, wie oft sein Kind nachts gebrüllt hat, und sich über Babys Windelinhalte auslässt? Verständlich, wenn du jetzt wissen willst, ob du da als gute Kommunikatorin oder guter Kommunikator wirklich nachfragen musst („Kannst du mir das noch genauer erzählen?"), um dann gar nicht mehr aus der Windel herauszukommen und am nächsten Tag gleich die doppelte Ladung zu kriegen. Keine Sorge, das musst du nicht!

Wenn du aufmerksam fragst, ist das erst einmal nur der Einstieg in ein Gespräch. Das kann man riskieren, sofern man nicht stadtbekannten Quasselstrippen über den Weg läuft, die einen nicht mehr loslassen und mit den eigenen Geschichten ungefragt zumüllen. Das sind hoffnungslose Fälle, die du nicht therapieren kannst. Besteht aber Hoffnung, merkst du an den Antworten, ob du daraus einen Nutzwert ziehen kannst, also zum Beispiel Ansätze für einen interessanten Dialog findest. Passiert das nicht, wird's anstrengend. Du darfst flüchten, bevor du Opfer wirst.

Nutz die Erkenntnisse aus diesem Buch, um bei potenziellen Gesprächspartnern für dich die Spreu vom Weizen zu trennen. Du hast mit der Fähigkeit, aktiv zuzuhören, ein Instrument an der Hand, mit dem du herausfinden und dann selbst bestimmen kannst, wer für dich in Zukunft interessant sein kann. Du weißt, dass du auf dem richtigen Weg bist, wenn dein Gegenüber Rückfragen stellt. Echte Freunde (oder die, die es mal werden könnten) möchten auch etwas über andere erfahren und diese nicht nur als Statisten für die eigene Selbstdarstellung missbrauchen.

Wenn die Welt eines anderen zusammenbricht

Du hast eine schlimme Nachricht bekommen. Ein Freund, ein Verwandter oder ein Familienmitglied ist gestorben. Der Mann deiner besten Freundin hat erfahren, dass er an einer schlimmen Krankheit leidet. Nach einem Unfall liegt jemand schwer verletzt im Krankenhaus und wird vielleicht nie wieder laufen können. Das tut dir unfassbar leid. Du würdest am liebsten einfach losheulen. Obwohl es viele Möglichkeiten gibt, deine Bestürzung zu zeigen und Mitgefühl auszudrücken, fehlen die Worte. Du gehst in Gedanken alle Möglichkeiten durch:

✚ Du könntest spontan anrufen. Doch eine innere Stimme bremst dich: Passt das überhaupt? Die Familie hat doch eh genug zu tun. Da bimmelt bestimmt ständig das Telefon. Vielleicht haben sie gerade Besuch oder weinen selbst. Weil du ohnehin Angst vor der schwierigen Situation hast, nimmst du das schnell als Ausrede.

✚ Du könntest schreiben. Hmm, einen Brief? Hast du ewig nicht mehr zustande gebracht. Eine E-Mail? Zu unpersönlich. Eine Whatsapp – um Gottes willen, nicht in so einer Situation. Eine gedruckte Beileidskarte? Wirkt hölzern und ist zu wenig für Menschen, mit denen einen viel verbindet.

Am Ende tust du das, was am schlimmsten für die Betroffenen ist: Du reagierst gar nicht, obwohl die anderen sich bestimmt nach Beistand, Zuneigung und Wärme sehnen.

Dabei hättest du das Problem gut lösen können, wenn du dir die Legitimation dafür holst. Je nachdem, auf welchem Kanal ihr sonst kommuniziert, kannst du persönlich vorbeigehen, anrufen oder eine Nachricht schreiben, um herauszufinden, was den anderen guttun würde. Wie wäre es zum Beispiel mit einer Whatsapp an die Freundin, deren Mann so krank ist: „Ich habe gehört, was mit Sebastian passiert ist. Wollen wir mal reden? Ich bin da für dich, melde dich jederzeit."

Damit kannst du nicht viel falsch machen. Du kommst nicht ungelegen, weil die anderen den Termin bestimmen. Du hast niemanden mit Floskeln abgefertigt, sondern – ohne dich aufzudrängen – angeboten, was am besten hilft: ein Gespräch.

Und was ist, wenn keine Antwort oder eine Absage kommt? Dann nimm das nicht persönlich. Mach dir klar, dass Trauernde sich im Ausnahmezustand befinden. Sie haben in der Regel nicht den Mut, auf dich zuzugehen. Dabei brauchen Betroffene Gespräche, um das Unfassbare zu verarbeiten.

Wenn es dazu kommt, ist aktives Zuhören das einzig Wahre. Erkundige dich nach dem Verstorbenen, nenn ihn beim Namen. Du musst keine Angst haben, dass du Hinterbliebene verletzt, denn sie denken ohnehin an nichts anderes. Lass sie einfach reden. Vergleich ihre Situation nicht mit einer, die du vielleicht selbst erlebt hast. Halt dabei das unbehagliche Gefühl aus, nicht wirklich helfen zu können. Denn du hilfst schon, indem du da bist und zuhörst. Selbst gemeinsam zu schweigen, ist angenehmer, als die Gefühle von Trauernden mit deinen eigenen Erlebnissen zu toppen. Du kannst dein Mitgefühl auch mit einer Umarmung ausdrücken oder praktische Hilfe im Alltag anbieten (einkaufen, kochen).

Selbst wenn du es direkt nach einem schlimmen Ereignis nicht übers Herz gebracht hast, dich zu melden, kannst du das später nachholen. Nimm Kontakt auf, frag, wie es geht – und hör zu.

Kleine Toolbox für Profizuhörer

Zuhören macht schlau, vermittelt Wertschätzung und ist ein unentbehrlicher Teil von **guten Gesprächen**. Du kannst deine Bereitschaft zum aktiven Zuhören mit kleinen, aber wichtigen Signalen unterstützen. Dazu gehören Botschaften des Verständnisses, Mitgefühls und interessiertes Nachfragen ebenso wie die Körperhaltung oder ein Kopfnicken. So wirst du meisterhaft in der Kunst des Zuhörens:

Mit diesen Gesten zeigst du, dass du gut zuhören kannst

- offene Körperhaltung
- freundlicher, zugewandter Gesichtsausdruck
- mit dem Kopf nicken
- zum Gesprächspartner beugen
- Kopf schräg legen/Kopf in die Hand stützen
- Blickkontakt halten
- den anderen am Arm berühren oder in den Arm nehmen

<u>Mit diesen Worten signalisierst du,</u>
<u>dass du gut zuhören kannst</u>

- Ich kann gut verstehen, dass du ...

- Oh, das tut mir wirklich leid!

- Du siehst traurig aus. Wie genau hat es angefangen?

- Auf mich wirkt es so, als ob du noch nicht ...

- Möchtest du noch was anderes besprechen?

- Wenn ich es richtig verstehe, ist dir wichtig, dass ...

- Okay, aha, stimmt, ja, ach so

- Du strahlst total! Das scheint dir Spaß zu machen.

- Was fühlt sich am besten an?

- Was denkst du gerade?

- Ich kann so gut mitfühlen.

- Das freut mich so sehr für dich.

Kapitel 3

Und was glaubst du?

●

Warum die beste Antwort
oft eine kluge Frage ist

Ob in der Familie, unter Freunden oder im Beruf – wir lieben tiefsinnige Gespräche mit anderen. Etwas über Menschen zu erfahren, ist mehr als ein Austausch von Fakten. Es entscheidet auch über den Erfolg von Verhandlungen und Meetings. Wie kriegen wir einen guten Dialog hin, ohne öde Monologe zu halten, andere zu unterbrechen, zu langweilen oder Streit anzufangen? Der Schlüssel zum Erfolg ist die richtige Fragetechnik. Das Allheilmittel sind konkrete Nachfragen.

Es hätte leicht schiefgehen können. Als Talkmasterin stand ich immer wieder zwischen Leuten, die etwas zu sagen hatten, das aber nicht ohne Weiteres herausbrachten. Ging es in „Britt – der Talk um eins" um Partnerschaftsprobleme, Lebenskrisen oder Alltagsschwierigkeiten – ohne Fragetechniken wäre ich nicht weitergekommen. Denn wenn man es ungeschickt anstellt, belassen Studiogäste es bei sparsamen Antworten und beschränken sich zu Recht auf ein Ja oder Nein. Es ist wie im richtigen Leben: Lässt sich jemand nur mühsam ein paar Silben aus der Nase ziehen, schwindet die Spannung schlagartig. Statt interessanter Informationen herrscht gepflegte Langeweile. Politiker beherrschen das genauso wie Hollywoodstars oder Rockmusiker und machen sich gerne einen Spaß daraus, den Fragesteller vorzuführen, indem sie nach ein paar geschlossenen Fragen nur noch ein „hmmm" herauslassen und sich ansonsten zurücklehnen. Dann wird's peinlich für Journalisten, Reporter und Fernsehmoderatoren.

Unvergessen (die etwas Älteren unter uns erinnern sich vielleicht, die Jüngeren gucken auf Youtube nach) ist ein Interview, das der Fernsehjournalist Friedrich Nowottny 1972 mit Willi Brandt führte. Die Zeit war knapp. Der Journalist gab geschlos-

48

sene Fragen vor, der Bundeskanzler erkannte das Muster und sagte nur „Ja", „Doch" oder „Nein". Am Ende musste er selbst schmunzeln, so albern klang das Interview.

Falsche Fragen sind der größte Fehler, wenn man jemanden zum Reden bringen möchte. Wenn du deine Freundin fragst „Mona, glaubst du, dass Marcel dich betrogen hat?", brauchst du dich nicht zu wundern, wenn du von ihr nur ein Ja oder Nein zu hören bekommst. Also müssen wir rein in die Geschichte. Womit hat der Konflikt zwischen Mona und Marcel angefangen? Wie hat Mona das bemerkt? Was hat das bei ihr bewirkt?

Gute Fragen sind ein machtvolles Mittel

Du siehst: Gut gestellte Fragen haben einen riesigen Einfluss auf den Verlauf beziehungsweise Ausgang eines Gesprächs oder eines Meetings. Trotzdem halten wir uns in der Regel damit zurück, wenn wir nicht gerade einen Beruf haben, der gutes Fragen tagtäglich erfordert. Wie erlebst du das, Sabine?

Ich mache in meinen Seminaren die Erfahrung, dass nur selten jemand eine gute offene Frage auf Anhieb hinkriegt. Die Gründe dafür sind vielfältig. Wir sind in Gesprächen meist mit unseren eigenen Gedanken beschäftigt. Was sage ich, wenn mich jemand fragt? Mit welcher Geschichte aus meinem Leben kann ich Eindruck schinden? Wie toppe ich die Erlebnisse von anderen, um interessant zu wirken? Da bleibt im Dialog kein Platz fürs Nachdenken über gute Fragen. So mancher fragt auch nicht in der Annahme, ohnehin schon alles zu wissen, was für ihn wichtig ist. Einige Leute befürchten, dass andere sie für dumm, unhöflich oder aufdringlich halten, wenn sie sich nach etwas erkundigen. Das ist aber falsch. Wer Fragen stellt, outet sich keineswegs als unwissend. Im Gegenteil: Wer fragt, der führt. Damit lassen sich übrigens auch die Gedanken deines Gegenübers auf bestimmte Themen oder Punkte leiten. Du kannst zum Beispiel fragen: „Wie sieht es in deinem Wohnzimmer aus? Wo genau steht die Couch? Gibt es einen Grund dafür, dass du sie dahin gestellt hast?" Natürlich gehen dich andere Sofas eigentlich nichts an, aber immerhin hast du die Gedanken des anderen auf die Couch gelenkt – und zwar nur mit ein paar Fragen.

Ein Team mit Fragen motivieren

Selbst in Sachen Teammotivation bringt Nachfragen eine ganze Menge. Einer meiner Kunden hat vor ein paar Jahren seine Arbeitsplätze neu arrangiert. Das mittelständische Unternehmen war vorbildlich in Sachen „Lean Management". Deshalb mussten auch die Arbeitsplätze nach allen Regeln der Kunst optimiert werden – zumindest nach Ansicht der Führung. Die Mitarbeiter fanden es natürlich doof. Die meisten hatten Angst, nicht mehr mit ihren vertrauten Leuten zusammenzusitzen. Veränderung ist für einen Großteil der Belegschaft einfach Stress. Ob das, was danach kommt, besser ist? Man weiß es nicht. Deswegen hält man lieber vorsichtshalber an dem fest, was man hat. Der Unmut war also groß. Es gab schon etliche Pläne, wie die Büros umgestellt werden sollten, aber dann hatten die Führungskräfte eine super Idee. Sie holten alle Mitarbeiterinnen und Mitarbeiter an den Tisch und besprachen in den einzelnen Abteilungen, was jeder und jede für sinnvoll hielt. Frei nach dem Motto: „Wenn wir hier schon was machen, dann gescheit. Und eure Meinung ist uns wichtig! Was wollt ihr, was braucht ihr?" Damit kam die Wende. Plötzlich waren die Mitarbeiter nicht nur Befehlsempfänger, sondern durften mitgestalten – eine völlig andere Ausgangslage. Mit dem Ergebnis, dass alle motiviert mit anpackten.

Wer, wie, was: Klassische Fragewörter erleichtern den Einstieg

Auch beim Fragen gilt wie bei vielen anderen Dingen: Ein guter Start ist die halbe Miete! Ein Einstieg in erfolgreiches Fragen gelingt am besten mit offenen Fragen, die du möglichst neutral formulierst. Dabei orientierst du dich erst einmal an den sieben klassischen Fragewörtern: wer, was, wann, wo, wie, warum und wozu. Wenn du einen Sachverhalt ermitteln willst, kommst du damit recht schnell ans Ziel. Die Antworten ermöglichen dann genaueres Nachfragen.

Damit es nicht zu abstrakt wird, gibt es hier ein anschauliches Beispiel: Stell dir vor, ein Freund erzählt dir von einem üblen Streit mit seiner Freundin. Er ist aufgeregt und wütend, bringt Bewertungen und Ereignisse durcheinander und fragt dich am Schluss: „Was soll ich mit der blöden Kuh denn jetzt machen?" Um zu erfahren, worum es im Grunde überhaupt geht, klärst du den Sachverhalt mit folgenden Fragen (soweit das in der Aufregung möglich ist): also ohne den Sachverhalt zu bewerten und auch ohne direkt oder indirekt deinen Senf dazuzugeben.

Wer hat was getan?
Meine Freundin macht mich fertig.

Was ist geschehen?
Sie ist abgehauen.

Wann ist es passiert?
Gestern Abend.

Wo ist es geschehen?
Zu Hause.

Warum ist es passiert?
Weil wir Streit hatten.

Wie ist es passiert?
Sie hat mich beschimpft, ein paar Sachen gepackt und ist rausgelaufen.

Wozu geschieht es?
Sie will sich bestimmt rächen.

Nun bist du schon im Bilde und hast einiges von deinem Freund über den Streit erfahren, indem du offene Fragen gestellt und zugehört hast. Natürlich fragst du in der Realität niemanden exakt nach diesem Schema aus. Das würde dann einem Verhör gleichkommen und beim Gegenüber Angst oder Verwirrung auslösen. Betrachte die Liste als Beispiele für Fragen. Die Antworten bieten viele Möglichkeiten fürs Nachfragen, um von den Fakten zu den Emotionen zu kommen: Worum habt ihr gestritten? Was ist davor passiert? Ist das schon mal vorgekommen? Habt ihr euch angebrüllt?

Damit es weitergeht, stehen dir verschiedene Fragetechniken zur Verfügung. Du darfst zwischendurch selbstverständlich auch mal eine geschlossene Frage stellen. Oder sein Problem mit deinen Worten definieren und dann nachfragen („Habe ich das richtig verstanden, dass du …?").

Nützlich ist auch immer das Allheilmittel: „Was genau meinst du, wenn du sagst, dass sie sich für etwas rächen will? Was könnte das sein?" Ob du am Ende helfen kannst, steht noch in den Sternen, aber so kommt ihr ins Gespräch. Was allein schon segensreich sein kann. Denn es gibt kaum etwas Schöneres als einen Menschen, der sich ernsthaft für dich und deine Probleme interessiert und das mit Fragen zeigt.

Zugewandt, neutral oder süffisant?

Beim Fragen gilt wie auch sonst in der Kommunikation: Der Ton macht die Musik. Wenn du ein Gespräch in Gang bringen und konkrete Antworten von deinem Gegsprächspartner bekommen möchtest, solltest du zugewandt oder zumindest neutral an die Sache herangehen. Wenn es aber um Schlagfertigkeit oder Verteidigung geht, sind – je nachdem, was vorgefallen ist – auch aggressive oder süffisante Fragen beziehungsweise Rückfragen erlaubt (Read more: „Hilfe, mir steckt da ein Wort im Hals!", S. 206 ff.). Mit den folgenden Regeln bewegst du dich beim gezielten Fragen auf sicherem Terrain und bist garantiert erfolgreich:

1: Setz sinnvolle Erläuterungen ein

Du kannst deine Fragetechnik weiter verbessern, indem du zum Beispiel begründest, warum du genau diese Frage stellst: „Das interessiert mich, weil es uns vielleicht einen Schritt weiterbringt." So hilfst du deinem Gegenüber auf die Sprünge und bekommst gezieltere Antworten.

2: Motivier dein Gegenüber

Wenn andere auf Fragen ängstlich oder zurückhaltend reagieren, kannst du ihre Motivation stärken, indem du zustimmend nickst, Verständnis für ihre Bedenken äußerst oder Anerkennung zeigst. Sabine: Wenn ich als Journalistin andere befragt habe, bin ich immer komplett in die Geschichten meiner Interviewpartner eingetaucht und habe auch mimisch vermittelt, dass ich bei ihnen bin. Das darf je nach Fall auch etwas übertrieben sein. Berücksichtige daher immer den Charakter und die Bedürfnisse deines Gegenübers.

Sabine: Trainier deine Fragetechnik mit einer Gruppenübung

Du möchtest deine Fragetechnik verbessern? Probier es doch mal mit einem kleinen Training zur Analyse, wie ich es in meinen Seminaren häufig mache. Ich denke mir ein Hobby aus und bitte meine Teilnehmerinnen und Teilnehmer zu raten, um was es sich handelt. Ich gebe dabei keine Anleitung zu Fragetechniken. Dann passiert fast immer das Gleiche: Die Leute stellen geschlossene Fragen, die ich mit Ja oder Nein beantworten kann. Vor allem wenn der Erste damit loslegt, macht der Rest es lustigerweise meistens auch. Ist dein Hobby eine Sportart? Findet es draußen statt? Brauchst du dafür einen Schläger? Nutzt du einen Ball? Diese Fragen sind so aneinandergereiht leider wenig zielführend, denn gute Techniken zeigen sich daran, dass man mit wenigen Fragen auskommt, die aufeinander aufbauen und mit denen man sich nicht planlos nach irgendetwas erkundigt. Nutzt man diese Techniken nicht, entwickelt sich ein mechanisches Abfragen. Die Teilnehmer stellen dann meist erschrocken fest: „Oh Shit, ich frage ja nur geschlossen." Wir brauchen also offene Fragen: Wo machst du dieses Hobby? Mit wem? Was hast du an? Welche Geräte brauchst du? So kommen wir viel schneller dahin, wo wir hinwollen.

Der nächste Schritt: Frag nicht nur offen, sondern auch nach. Also wenn ich nach den Klamotten gefragt werde und antworte „Ein normales T-Shirt und eine kurze Sporthose", fragst du nicht als Nächstes „Wo machst du das?", sondern beziehst dich auf das, was du vorher erfahren hast: „Aha, wenn du eine kurze Hose anhast, seid ihr dann in der Halle oder draußen in der Sonne?"

Du wirst merken, dass genau die Fragen zielführend sind, die das aufgreifen, was schon gesagt wurde, also Informationen zusammenfügen (trichtern), aus denen bestenfalls die nächste Frage entsteht.

Damit zeigst du übrigens deinem Gegenüber auch am besten, dass du dich für ihn interessierst.

3: Vermeide verbale Verletzungen

Meist gibt unser Taktgefühl es vor, keine verletzenden Fragen zu stellen, wenn wir mit jemandem ins Gespräch kommen möchten. Denn dann sind Konflikte vorprogrammiert. Im Eifer eines verbalen Gefechtes kann dieser gute Vorsatz aber auch mal untergehen. Achte also darauf, dass andere ihr Gesicht wahren können. Du sagst dann nicht „Warum hast du dich auf den Mist eingelassen?", sondern fragst nach: „An welcher Stelle traten Probleme auf?"

4: Frag nicht zu viel gleichzeitig

Als Fragesteller oder Fragestellerin musst du konzentriert vorgehen und Fragen nacheinander stellen, ansonsten ist dein Gegenüber genervt und wird zu Recht zurückfragen: „Worauf soll ich denn jetzt zuerst antworten?"

5: Frag ohne Unterstellung

Ähnlich wie verletzende Fragen solltest du auch Suggestivfragen als rhetorisches Mittel vermeiden, wenn du andere bei Laune halten willst. Suggestivfragen werden auch Lenkungsfragen genannt. Es sind im Grunde Unterstellungen, mit denen man anderen die eigenen Worte in den Mund legt. Wer so fragt, hat nicht die Absicht, die Kommunikation zu verbessern, sondern andere zu manipulieren, das Gespräch in eine bestimmte Richtung zu lenken oder verbale Fallen zu stellen. „Findest du nicht selbst, dass du das vermasselt hast?", lautet eine typische Suggestivfrage. Besonders fies wird's in der Kombination mit „immer noch". „Trinkst du eigentlich immer noch so viel?" Sagt der Befragte Nein, gibt er schon zu, dass er früher oft zu tief ins Glas geschaut hat. Antwortet er mit Ja, hat er ohnehin verloren.

Unser Tipp: Wenn jemand anderes dich mit solchen Fragen ärgern will, antwortest du cool, ohne die Unterstellung zu wiederholen: „Ich habe noch nie zu viel getrunken." Oder du reagierst mit einer Gegenfrage: „Wie kommst du denn darauf?"

6: Bring Gefühle ins Spiel

Wenn das Gespräch sehr sachlich verläuft, können ein paar Emotionen zur Auflockerung nicht schaden. Stell dir vor, dein Gegenüber erzählt detailliert vom geplanten Hauskauf, nennt Daten und Fakten ohne Ende, sodass du gar nicht mehr folgen kannst. Eine Gefühlsfrage erhöht die Qualität des Gesprächs: „Und? Wie geht es dir, wenn du daran denkst, bald in diesem Haus zu wohnen?"

7: Schmeichle deinem Gegenüber

Wenn du mit Leuten zu tun hast, die du überführen musst oder von denen du etwas erfahren möchtest, das sie nicht unbedingt freiwillig herausrücken, mach dir deren Geltungsbedürfnis zunutze. Wohl jeder Mensch ist stolz auf das, was ihm gelingt, und wartet nur auf Gelegenheiten, andere damit zu beeindrucken. Vorgespieltes Interesse in Kombination mit einem Hauch von Bewunderung hilft dann weiter.

Cool kontern mit Fragen

Es ist toll, ein guter Gesprächspartner zu sein und mit einem Handköfferchen voller Fragen etwas über andere herauszufinden. Das ist die eine Seite. Auf der anderen Seite kannst du Fragen auch als wirkungsvolle Abwehrwaffe einsetzen. Nehmen wir mal an, du hast im Job eine Deadline verschwitzt. Einfach vergessen. Ohne Hintergedanken oder böse Absicht. Leider hat das fatale Folgen. Der Auftrag, der für deine Abteilung sehr wichtig war, ist weg. Der Kunde, der ohnehin immer ein Wackelkandidat war, hat wahrgemacht, was er schon mal angedroht hat: Er ist abgesprungen. Deine Vorgesetzten und dein Team sind stinksauer. Du ahnst, dass es Vorwürfe hageln wird. „Wie konntest du nur so verpennt sein? Ist dir denn überhaupt nicht bewusst, was auf dem Spiel stand?"

Weil du mit diesen Reaktionen rechnen kannst, hast du einen kleinen Vorteil. Du hast Zeit, dich mental auf die Auseinandersetzung vorzubereiten. Natürlich kannst du dich entschuldigen, danach aber musst du nicht demütig die Waffen strecken (vor allem, wenn es wirklich nur um ein einmaliges Vergessen und nicht um gravierende Fehler geht, die die Firma in den Ruin treiben würden).

Die Zauberregel lautet: Wechsel die Perspektive, wenn du antwortest. Das heißt, dass du dich nicht lange rechtfertigst oder groß und breit erklärst, warum du den Termin vergessen hast (einen Schuh, den gerade wir Frauen uns gern anziehen). Nein, in diesem Fall bist du schon einen Schritt weiter und beantwortest im Raum stehenden Fragen, bevor sie überhaupt gestellt wurden. Clever, oder?!

Wie soll das aussehen?, wirst du dich jetzt vielleicht fragen. Zum Beispiel so: „Ich verstehe total, dass ihr sauer seid. Ich ärgere mich auch. Und es ist ein guter Anlass, mal hinzugucken. Der Kunde war eh kurz vor dem Absprung. Was hat dazu geführt? Lasst uns nächste Woche gern mal einen Workshop machen und analysieren – vielleicht ist es sinnvoll, einige Dinge mal ganz anders anzugehen."

Nun bist du in der Zukunft, hast dein Gesicht gewahrt – und sogar die Hoheit über deine Antworten zurückgewonnen.

So wirst du zum Gesprächsretter

Ein Gespräch plätschert langweilig vor sich hin? Es geht um die immer gleichen Themen und die drehen sich auch noch im Kreis? Jetzt wird's Zeit für **gezielte Fragen**, die den Dialog beleben und Menschen dazu bringen, sich zu öffnen und auf eine tiefere Ebene zu gelangen. Hier haben wir ein paar **Anregungen** für dich:

- Was muss passieren, damit du ungeduldig wirst?

- Gibt es Ereignisse in deinem Leben, die dich verändert haben?

- Was nervt dich an anderen ziemlich schnell?

- Wie hast du deinen Partner oder deine Partnerin kennengelernt?

- Bei welcher Tätigkeit kann es passieren, dass du das Essen vergisst?

- Wann hast du das letzte Mal geweint und warum?

- Hast du mal so richtig Glück gehabt? Was ist da passiert?

- Für was musstest du zuletzt all deinen Mut zusammennehmen?

- Was würdest du gerne können und warum?

- In welchem Fall hast du in letzter Zeit mal deine Meinung geändert?

- Hattest du schon mal Stress mit der Polizei?

- Was würdest du bei deinen Kindern anders machen als deine Eltern bei dir?

- Was gefällt dir am besten in deinem Beruf?

- Was tust du für deine Gesundheit?

- Was würdest du gerne tun, hast dich aber noch nie getraut?

- Was möchtest du unbedingt noch erleben?

Kapitel 4

Umzug in den fünften Stock? Klar helf ich gern.

●

Wie du deine eigentlichen Bedürfnisse
erkennst und klar kommunizierst

Immer schön lieb sein und niemandem einen Wunsch abschlagen? Das kann zum Bumerang werden. Auch wenn es nett ist, anderen zu helfen, sollte niemand dafür seine eigenen Bedürfnisse komplett zurückstellen. Die typische Frauenkrankheit „Ich will es allen recht machen" ist leider weitverbreitet. Doch die gute Nachricht: Sie ist zum Glück heilbar. In diesem Kapitel geht es darum, wie du deine wahren Bedürfnisse erkennst und so ausdrückst, dass andere sie wahrnehmen.

K ennst du das? Du sagst etwas, das du gar nicht so meinst, und manövrierst dich selbst in die Falle. „Klar helfe ich beim Umzug", flutscht es aus dir heraus, obwohl du so gar keine Lust hast, die Bücherkartons deiner Kollegin fünf Treppen hochzuschleppen. „Sicher darfst du wegfahren, ich mache das hier allein mit den Kids, den Hunden und deiner Mutter", behauptest du deinem Mann gegenüber, während du innerlich schäumst. „Tut gar nicht weh", sagt deine Freundin, nachdem sie verlassen wurde, und bricht kurz danach in Tränen aus („Woah, das tut so krass weh"). Auch wir beide erleben das im Berufs- und Privatleben häufig. Wir sagen Ja, obwohl wir Nein meinen. Was ist los mit Leuten, die ganz anders reden, als sie denken?

Was steckt hinter der Everybody's-Darling-Rolle?

Es handelt sich um ein Phänomen mit ganz verschiedenen Gesichtern (Motiven)! Die drei häufigsten: 1. „Ich will es allen recht machen", 2. „Ich will gemocht werden" und 3. „Ich bin nicht gut genug".

Bittet jemand um einen Gefallen, schalten Menschen, die ihre eigenen Bedürfnisse schlecht kennen oder artikulieren können oder beides, in den Autopilotmodus: „Klar helfe ich. Das mach ich doch gern. Ich bin doch immer für dich da." Dabei kommen Persönlichkeitsaspekte zum Vorschein, die eventuell auf Erfahrungen in der Vergangenheit beruhen. Hat jemand schon mal etwas Schlechtes erlebt, wenn sie oder er anderen einen Wunsch abgeschlagen hat?

Häufig steckt die eigene Erziehung dahinter. Werden Kinder dazu angehalten, in erster Linie gehorsam zu sein, prägt das fürs Leben. Mutter und Vater haben ein Nein mit Liebesentzug oder anderen Mitteln bestraft. Erfüllten die Kinder hingegen die Erwartungen der Eltern (auch wenn das nicht ihren eigenen Bedürfnissen entsprach), wurden sie gelobt oder belohnt – und sei es nur dadurch, dass sie nicht bestraft wurden. Manchmal werden Geschwister mehr gelobt als man selbst oder die Eltern gehen gefühlt liebevoller mit ihnen um. So entstehen Muster, die sich unbewusst bis ins Erwachsenenleben übertragen: Ich werde nur geliebt, wenn ich mich um andere und nicht um mich selbst kümmere. Glaubenssätze wie „Ich muss perfekt sein" oder „Ich muss immer mein Bestes geben" verstärken das.

Auch Partnerschaften oder bestimmte Konstellationen im Job, in denen einer sagt, wo es langgeht, und der andere sich danach richtet, können ein solches Verhalten fördern. Denn auch hier wird ständig vermittelt: Wenn du deine Bedürfnisse nicht hinter meinen zurückstellst, verlasse oder bestrafe ich dich.

Übertriebene Nettigkeit kann aus mangelndem Selbstbewusstsein entstehen und in einen Teufelskreis führen: Wenn die Anerkennung fürs Jasagen ausbleibt, verstärken die Betroffenen genau das Verhalten, das sie ablegen müssten: Sie sagen noch häufiger Ja, geben noch schneller nach – bis sie nicht nur den Respekt von anderen, sondern auch ihre Selbstachtung verlieren.

Warte nicht darauf, dass die Welt dich erlöst

Es erscheint zwar auf den ersten Blick bequem, sich, aus welchen Gründen auch immer, nicht unbeliebt machen zu wollen und deshalb von vornherein nachzugeben. Auf die Dauer ist es aber definitiv keine Lösung. Zumindest keine, die dich glücklich macht.

Im Gegenteil: Die ganze Sache kann am Ende sogar auf Kosten deiner Gesundheit gehen. Du bekommst das ungute Gefühl, dass etwas mit dir nicht stimmt. Unterdrückter Ärger hat ohne Zweifel negative Auswirkungen auf das seelische Gleichgewicht. Hinter fiesem Stress, Frust, schlechter Laune, Vorwürfen oder Konflikten stecken in den meisten Fällen vernachlässigte Bedürfnisse. Und auch der Körper reagiert, nur wissen wir oft nicht den eigentlichen Grund. Das Immunsystem versagt, der Blutdruck steigt und alles schlägt uns sprichwörtlich auf den Magen.

Und hier sind wir auch schon beim Kern des Übels beziehungsweise Problems: Wenn du selbst deine Bedürfnisse nicht äußerst, kann niemand sie erraten. Also hoffe nicht darauf, dass die Welt dich „erlöst". Betrachte es als Zeichen der Selbstfürsorge, dich abzugrenzen, authentisch zu bleiben und nicht reflexartig zu tun, was andere vorgeben.

„Ich will doch nicht egoistisch sein", wendest du jetzt vielleicht ein. Das stimmt natürlich. Aber die eigenen Bedürfnisse zu kommunizieren, heißt nicht automatisch, dass nur deine Wünsche in einer Gemeinschaft oder Partnerschaft eine Rolle spielen. Da wären wir tatsächlich schnell beim Egozentrismus, der dir wiederum ganz andere Probleme beschert: Erwachsene, die nur um sich selbst kreisen und jedes Bedürfnis sofort erfüllt haben möchten, leiden genauso unter Konflikten wie die, die sich immer hintanstellen. Wie immer geht es am Ende um die richtige Balance.

Frag dich nach deinem Motiv, bevor du dich opferst

Willkommen im Club! Du bist wahrlich nicht die Einzige, die auf Knopfdruck Ja sagt, wenn sie Nein meint. Oder „Kein Problem", wenn es eben doch eines ist. Aber es gibt eine Lösung, die außerdem noch deine Selbstwahrnehmung schärft. Doppelt gewonnen also. Ehe du wieder einmal automatisch reagierst und jemanden oder gleich die Welt rettest, halt inne und frag dich nach deinem Motiv: Tust du jemandem einen Gefallen, weil du seine Not erkennst, Mitgefühl hast und ihm auf Augenhöhe begegnen möchtest? Dann ist Hilfsbereitschaft unter Zurückstellung der eigenen Bedürfnisse ein wertvoller Charakterzug und völlig in Ordnung. Anders ist das aber, wenn du aus Pflichtgefühlen oder schlimmstenfalls aus Angst vor Liebesverlust widerwillig zusagst – und das nicht nur einmal, weil es eben am einfachsten ist, sondern immer wieder. Sobald die Balance zwischen Geben und Nehmen nicht mehr stimmt, kannst du emotional nur verlieren: Du fühlst dich ausgenutzt („Ich bin einfach zu nett") und wertlos („Andere benutzen mich").

Wie kommst du aus dem Dilemma raus? Die Antwort auf diese Frage gehört zu den zentralen Botschaften dieses Buches: Hinterfrag dich und deine Absicht und kommunizier bewusst. Lass dich nicht von einem Autopiloten leiten, der deine wahren Bedürfnisse nicht kennt, sondern „blind" reagiert: „Ja, ich mache das für dich, ohne darüber nachzudenken. Ich bin da, wenn du mich brauchst." Steig in die Bremsen, sobald du das bemerkst, und entscheid bewusst: Willst du einem Konflikt ausweichen (also schnell zusagen, um dich nicht unbeliebt zu machen)? Riskierst du eine Konfrontation (kann einen Versuch wert sein)? Oder willst du es vielleicht zur Abwechslung mal auf die Spitze treiben (kann befreiend sein und kickt alte Muster über Bord)?

Problemklassiker: Wie viel Besuch tut gut?

Ein Beispiel aus Britts Leben: Seit ich auf Mallorca wohne, kenne ich dieses Problem nicht nur von mir selbst. Auch einige Frauen aus meinem Bekanntenkreis kämpfen damit: Wir haben alle viel Besuch. Eigentlich prima, denn Gastgeber zu sein, macht Spaß. Zumindest eine Zeit lang. Leider führt das schnell an die Grenzen, wenn nette Menschen den Besuch für einen kostenlosen All-inclusive-Urlaub mit Opa, Tante, Kids, Hamster und Bobbycar nutzen und eine Kleinigkeit dabei vergessen: Das Leben der Auswanderer ist kein Dauerurlaub. Wir haben einen Alltag, der oft mehr als ausgefüllt ist. Mein Mann war federführend (ist in anderen Familien übrigens auch so), wenn es darum ging, Leute aus aller Welt einzuladen. Und die kamen in Scharen. Zuerst fand ich das super. Bin ja ein geselliger Mensch. Aber dann nahm es überhand. Mein Liebster ahnte nichts davon und lud ständig nach – bis ich explodierte (ähm, das war noch vor meiner Kommunikationsausbildung): „Wenn du die nächste Truppe hier einquartierst, packe ich meine Koffer und fliege weg." Wumms!

Wie so oft wusste mein Schatz nicht, was er falsch gemacht hatte. Wir hatten wieder einen Problemklassiker: Ich hatte mein Bedürfnis nach weniger und kürzeren Besuchen nie geäußert. Er fand's klasse, abends mit ein paar Leutchen auf der Terrasse zu sitzen, und sah nicht, was tagsüber alles laufen muss, damit der Wein zum Sonnenuntergang so richtig mundet.

Später habe ich dann gelernt, wie es besser geht als mit Fluchtdrohungen. Wir überlegten gemeinsam: Welches Bedürfnis steckt hinter der Lust zum Einladen? Möchten wir ein bisschen angeben mit dem Leben in der Sonne? Andere mit unserem Haus beeindrucken? Sind wir auf der Suche nach Anerkennung? Wollen wir Freude teilen? Besuch genießen? Es war wohl von allem ein bisschen. Und das ließ sich lösen. Man kann nämlich auch großartige Abende auf der Terrasse mit Gästen genießen, die ansonsten im Hotel in der Nähe wohnen. Na also!

Read more: Du kennst im Prinzip dein Problem, dir fehlen aber die richtigen Worte, weil du die entsprechende Botschaft nicht über die Lippen bringst? Dann lies das Kapitel „Ein beherztes Ja zum Nein!" (ab S. 78). Dort findest du Wege und Worte, um elegant statt knallhart abzulehnen.

Und wenn ich meine Bedürfnisse gar nicht kenne?

Die eigenen Bedürfnisse zu äußern, ist ohnehin schon eine schwierige Sache. Richtig heikel wird es aber – und das kommt ziemlich oft vor –, wenn man sie gar nicht kennt. Dann macht sich schnell das blöde Gefühl der Unzufriedenheit breit. Wir spüren, dass etwas nicht stimmt. Aber was ist es bloß?

Die Suche nach den eigenen Bedürfnissen ist der erste Schritt. Wenn du dich fragst, was du dir wünschst, und dir gleich tausend immaterielle Dinge einfallen, darfst du dich glücklich schätzen. Leider stehst du damit ziemlich allein da. Ich, Sabine, kann aus meiner Praxis sagen: Die meisten Menschen kennen ihre Bedürfnisse nicht – oder nur einen kleinen Teil davon. Da ist es kein Wunder, wenn sie nach falschen Kriterien handeln oder sich in einem mühsamen Trial-and-Error-Prozess auf die Suche nach Antworten machen.

Praktischerweise gibt es hilfreiche Techniken, um herauszufinden, was man wirklich will oder braucht. Wir haben ein paar Anregungen für Fragen, die du dir stellen solltest, um deine Bedürfnisse zu erkennen:

#1: Was tue ich wirklich gern?

Das hört sich leicht an, aber vielen fällt keine Antwort ein. „Was, ich? Hier geht's tatsächlich mal um mich? Das bin ich gar nicht gewohnt. Was soll ich mir denn schon groß wünschen?" sind typische Reaktionen. Wenn dir in der Gegenwart nichts einfällt, gehst du in Gedanken vielleicht erst einmal in deine Kindheit und Jugend. Was war dein Lieblingsfach? Worin warst du gut? Wobei hast du Leidenschaft empfunden? Was wolltest du mal werden? Auch wenn's lange her ist, können Kindheitswünsche Auskunft geben.

#2: Was ist mir gelungen?

Überleg dir, wann du zum letzten Mal stolz auf dich warst, weil dir etwas gelungen ist. Das kann die Organisation des Kitafestes, ein genialer Einfall in einer scheinbar verzwickten Situation sein oder ein Auftrag, den du im Job an Land gezogen hast und der dir den Respekt deiner Kollegen eingebracht hat. Was hat dabei zum Erfolg geführt? Wofür wurdest du gelobt? Ebenfalls erfolgversprechend: Welche Wünsche hast du verwirklicht? Warum wurdest du befördert? Womit hast du dich unter hundert Bewerbern auf eine Stelle durchgesetzt? Am besten notierst du dir solche Momente, so hast du sie auch später noch schwarz auf weiß – eine Supermethode zur Selbstreflexion und -motivation!

#3: Was sagen mir meine Gefühle?

Auch wenn du einen Großteil des Tages im Autopilotmodus verbringst – hast du zwischendurch manchmal das Gefühl, dass irgendetwas nicht in Ordnung ist? Halt inne und geh mental auf Ursachenforschung. Schließ dazu die Augen und atme tief durch. Was ist es genau? Warum ärgerst du dich? An welcher Stelle deines Körpers spürst du es besonders (Magen, Kopf etc.)? Was würdest du sagen, wenn dich in diesem Moment jemand fragt: Wie geht es dir? Was müsste jetzt passieren, damit es dir besser geht?

4: Habe ich heimliche Wünsche?

Vor allem kreative Berufswünsche (Musiker, Sänger, Grafiker, Entertainer, Schriftsteller) gibt man meist nicht gerne preis, um nicht zu hören „Dafür reicht dein Talent leider nicht". Du musst sie ja nicht verraten, sie können aber trotzdem helfen. Ein heimlicher Wunsch wie „Ich wollte immer Schauspielerin werden" kann zum Beispiel dazu führen, dass du vielleicht mit einem Nebenjob am Theater glücklich wirst.

5: Wann bin ich unzufrieden?

Ein Bedürfnis signalisiert nicht nur Wünsche, sondern auch einen – oft unbewussten – Mangel, der behoben werden muss, damit du zufrieden und gelassen werden kannst. Geh gedanklich durch deinen Alltag: Was nervt dich? Wann bist du beleidigt? In welchen Situationen fühlst du dich schlecht, fängst du an zu schimpfen, zu weinen oder Türen zuzuschlagen?

6: Wo bin ich kreativ?

Jeder Mensch ist kreativ, wenn es darum geht, Lösungen für die eigenen Probleme zu finden. Nur nehmen wir es oft gar nicht als Leistung wahr. „Ich bin leider überhaupt nicht kreativ", heißt es dann fälschlicherweise häufig. Du bist es sehr wohl, musst aber erst einmal darauf kommen. Überleg, wann du zuletzt ein Problem gelöst hast. Das muss keine Doktorarbeit sein. Allein die

Tatsache, dass du dich morgens anziehst, etwas einkaufst, einen Urlaub planst oder deinem Kind erklärst, warum Bäume im Frühling grün werden, führt dich zu deinem kreativen Teil. Damit stellst du nun einen Bezug zu deinen Bedürfnissen her. Kannst du für Dinge, die dich an dir selbst stören, kreative Lösungen finden?

Zwei Seelen wohnen, ach, in meiner Brust

Im Neurolinguistischen Programmieren (NLP) gibt es – wie in anderen Kommunikationsmodellen – die sogenannte Teilearbeit (auch Teilemodell genannt). Sie hilft dabei, den eigenen Bedürfnissen auf die Spur zu kommen und verborgene „Teile" von sich zu entdecken. Die Erfinder der Methode gehen davon aus, dass jeder über unbewusste Teile seiner Persönlichkeit verfügt. Typische Sätze dafür sind: „In dem Moment bin ich nicht ich selbst" – „Eigentlich bin ich ganz anders" – „Manchmal drängt sich ein Gedanke in mir auf". Schon bei Goethe können wir nachlesen: „Zwei Seelen wohnen, ach, in meiner Brust." Beide „Seelen" wollen Gutes tun, aber eine setzt sich durch. So passiert es, dass wir tatsächlich Dinge sagen, die wir eigentlich gar nicht so meinen. Nimmt das überhand, fühlen wir uns fremdbestimmt. Wenn es gelingt, die verschiedenen Teile auszuleben, kehrt die Harmonie bestenfalls zurück. Denn wir bringen an den Tag, warum wir uns unangenehm verhalten. Und können dann neue Wege finden, die die gute Absicht besser rüberbringen.

Von der Meckerziege zum wahren Bedürfnis

Zum Verständnis ein Beispiel: Wie du weißt, Sabine, habe ich im Rahmen meiner NLP-Ausbildung auch eine Teilearbeitsitzung absolviert. Das war echt der Hammer. Mich hat's so was von eiskalt erwischt. Ich dachte eigentlich, dass ich da mit meiner Routine locker und souverän durchkomme. Ein bisschen reden, ein bisschen bluffen. So auf selbstkritisch und reflektiert machen. Ist doch alles Rhetorik, glaubte ich zumindest. Meine wahren Gefühle wollte ich als relativ bekannter Mensch, der im Fernsehen und in der Öffentlichkeit präsent war, dann doch lieber für mich behalten. Da bin ich scheu. Ich war überzeugt, dass ich das mit links schaffe. Bin ja schließlich jahrelang regelrecht darauf trainiert worden, immer schön die Fassung zu bewahren, auch wenn um mich herum gekreischt, gezofft und geheult wird.

Daher meldete ich mich freiwillig, als ein Opfer für die Übung gesucht wurde. Mein Thema hatte einen tollen Namen: Meckerziege. Nicht irgendeine, sondern meine ganz persönliche innere Zweitstimme. Meine Meckerziege ist leider eine Rolle, die ich gar nicht an mir mag. Aber gegen diesen fiesen Charakterzug half bei mir bisher kein Kommunikationstraining, weil das Tier in mir nicht im Seminarraum auftaucht, sondern mich nur zu Hause ausgerechnet bei meinen Liebsten heimsucht. „Wir bearbeiten jetzt meine innere Meckerziege", schlug ich vor. Mein Hintergedanke: Das Thema ist eher oberflächlich, jeder – vor allem Mütter – kennt Meckerphasen nur zu gut. Da stehe ich auf festem Boden. Doch es kam ganz anders.

Ich erzählte, dass ich manchmal zu Hause herummotze, obwohl ich eigentlich zufrieden mit meiner Mama-und-Mädchen-für-alles-Rolle bin. Trotzdem regt es mich tierisch auf, wenn zum Beispiel nach dem Essen alle völlig selbstverständlich aus dem Zimmer marschieren und mich allein mit Abwasch, Küche und dem ganzen Dreck lassen. Im nächsten Moment fege ich dann wie eine Hexe auf dem Besen durchs Haus und könnte allen mit dem Hintern ins Gesicht springen, die nicht bei drei auf dem Baum sind. Jedes Teil, das herumliegt, bringt mich auf die Palme. Jeder mit Tomatensoße verschmierte Teller muss aufpassen, dass ich ihn nicht an die Wand klatsche.

Ich redete mich in Rage, bis es so richtig krachte. Ich konnte mich nicht mehr zurückhalten. Heulte Rotz und Wasser und kotzte alles heraus, was mich fertigmachte: Wie scheiße es ist, rund um die Uhr die ganze Sippe zu pampern und null (null Komma null!) Anerkennung dafür zu kriegen. Niemand sagt Danke. Niemand streichelt mir über den Kopf. Niemand denkt, geschweige denn sagt so was wie: „Das hast du toll gemacht, Britt! Wow, dein Essen schmeckt super. Und wie du hier den ganzen Haushalt schmeißt, mega, Mama!" Pustekuchen!

Zuerst sahen die anderen im Seminar mich fassungslos an. Schockstarre – selbst unter Profis. Als wir uns so langsam wieder eingekriegt hatten, waren die anderen wirklich lieb zu mir. So richtig, richtig lieb. Das war ich gar nicht gewohnt. Es tat soooooo gut.

Im echten Leben kommen in solchen Momenten die Kinder rein („Maamaaaaa, wo ist mein Matheheft?"), gefolgt vom Gatten („Sind die Hemden fertig?"). Im Seminar war zum Glück der analytische Teil dran.

Ich erarbeitete mit der Gruppe, welches Bedürfnis ich nicht äußern konnte: Es war das Bedürfnis nach Anerkennung für meine Arbeit zu Hause. Damit mich keiner falsch versteht: Ich bin supergern Mutter, ich liebe meine Rolle in meiner Familie. Aber niemand sah, was ich eigentlich den ganzen Tag für die anderen leistete. Wie stark mein Bedürfnis danach ist, wurde mir erst jetzt klar. Meine Meckerziege hatte mich hingeführt. Weder mein Mann noch unsere Kinder hatten das bemerkt. Wie sollten sie auch? Ich hatte ja nie mein Bedürfnis geäußert, sondern nur herumgemeckert. Jetzt wussten wir, wo wir ansetzen konnten.

Tipp: Wenn du das von dir kennst, such Raum und Zeit für ein ruhiges Gespräch mit deinem Partner. Fang nicht gleich an zu meckern („Du Faultier machst ja nie was im Haushalt"), sondern sag zum Beispiel: „Lass uns mal überlegen, wie wir das besser hinkriegen könnten. Ich hätte es gern, wenn ich mich nicht allein um den ganzen Haushaltskram kümmern müsste. Wo siehst du eine Möglichkeit, mich zu unterstützen? Wie können wir die Kinder miteinbeziehen?"

Read more: „Mann, Frau, Super-GAU?" (S. 102 ff.)

Konkret, mit Ich-Aussage und Alternativen

Du siehst, meine kleine Geschichte hat eine gute Nachricht: Es ist lernbar, Bedürfnisse zu äußern. Am Anfang fällt es schwer, vor allem, weil die anderen sich erst einmal daran gewöhnen müssen, wenn derjenige, der seine Wünsche sonst unterdrückt, plötzlich welche äußert. Aber die Phase geht vorüber. Wenn du deine Bedürfnisse künftig selbstbewusst kommunizieren willst, solltest du dabei bewusst vorgehen.

Das fängt schon mit dem richtigen Zeitpunkt an. Wenn du deinem Partner oder deiner Partnerin zwischen Tür und Angel zuflüsterst „Deine Eltern können jetzt ruhig gehen", herrscht leicht dicke Luft („Wie soll ich das denn hinkriegen?"). Also suchst du schon ein paar Tage vorher einen ruhigen Moment, um deinen Wunsch konkret, mit Ich-Aussage und möglichen Alternativen, zu äußern: „Wir können deine Eltern gerne treffen, aber ich möchte nicht, dass sie den ganzen Sonntag hier herumsitzen, weil ich auch noch Zeit mit dir allein verbringen will. Lad sie doch zum Kaffee von drei bis fünf ein." Wenn dein Liebster oder deine Liebste das ablehnt, musst du nicht gleich aus der Haut fahren, sondern kannst nachfragen: „Was schlägst du vor, damit wir am Wochenende noch ein bisschen Zeit für uns haben?"

Nicht aus der Opferrolle
heraus argumentieren

Auch für das Äußern von Bedürfnissen gelten Regeln, die du einhalten solltest. Dazu gehört zum Beispiel Fairness. Argumentier nicht aus der Opferrolle heraus. Das heißt, dass du nicht vorträgst, was alles schlecht läuft, sondern gleich mit einem konkreten Vorschlag in die Verantwortung gehst. Dafür solltest du dir Zeit nehmen; eventuell schreibst du dir vorher auf, was du sagen willst, damit du nicht in alte Muster zurückfällst.

Hier ein paar Beispiele, wie du deine Bedürfnisse einfühlsam äußern kannst, ohne einen verbalen Krieg anzuzetteln:

+ Schildere zuerst die Situation: „Ich müsste jetzt noch eine Stunde kochen, damit wir heute Abend warm essen können." Dann erklärst du, wie du dich fühlst: „Ich bin müde und wollte eigentlich meine Lieblingsserie sehen. Das schaffe ich dann aber nicht." Ohne deinem Gegenüber Vorwürfe zu machen, äußerst du einen konkreten Vorschlag: „Schäl du doch schon mal die Kartoffeln, während ich den Salat mache." Du kannst auch einen Kompromiss anbieten: „Oder wollen wir einfach kalt essen?" **Du siehst:** Das ist viel schöner und energiesparender als ein Rundumschlag wie: „Du hilfst mir nie" – „Du bist ja im Alltag zu nichts zu gebrauchen" – „Dein Nichtstun geht mir auf den Senkel".

+ Dieses Prinzip funktioniert auch im Job bestens: Statt dich selbst im Team zum Opfer zu machen („Ich sitze hier jeden Abend eine halbe Stunde länger, während ihr schon zu Hause vor der Glotze hängt"), sagst du, was du siehst: „Damit wir den Tag abschließen können, muss einer jeden Abend die Zahlen eintragen. Ich möchte das nicht immer allein machen, weil es für mich sehr anstrengend ist." Dann schlägst du vor, dass die Montage und Dienstage Kollege x machen könnte, du Mittwoch und Donnerstag übernimmst und Kollegin y den Freitag. Dieses unwiderstehliche Angebot wird dir niemand abschlagen können.

Mentale Selbstschutzmaßnahmen

Wenn du merkst, dass du gegen deinen Willen etwas zusagen willst, atmest du erst einmal tief durch, sammelst dich und suchst nach angemessenen Worten statt nach einer direkten Ablehnung. Wenn du es ein paarmal probiert hast, wirst du die Panik davor verlieren. Denn Menschen, die wissen und sagen, was sie wollen, sind auf die Dauer besser zu ertragen – für sich selbst und ihre Mitmenschen. Denn niemand fühlt sich gut, wenn andere sich für ihn aufopfern und deshalb ihr Selbstwertgefühl verlieren.

Wer seine Bedürfnisse kommunizieren und Grenzen klar setzen kann, kommt auch besser mit anderen zurecht. Es treten weniger Konflikte auf; niemand muss rätseln, ob heimliche Verstimmungen das Miteinander stören. Hinzu kommt: Immer nett zu sein, ist einfach anstrengend. Wenn wir versuchen, unsere wahren Gefühle hinter einer aufgesetzten Fassade zu verstecken, senden wir trotzdem Signale an uns selbst und an andere, die verraten: Hier stimmt etwas nicht. Das erhöht den Stresspegel und macht reizbar.

Denk daran: Wenn du Ja zu dir selbst sagst, bist du nicht gleich unfreundlich, egoistisch oder unbeliebt – sondern glücklich.

Hört mich denn niemand?

Gehst du mit deinen Bedürfnissen häufig unter?
Hier findest du eine **Checkliste mit Warnzeichen**, bei denen du
aufmerksam sein solltest. Wenn du dich darin wiederfindest,
besteht möglicherweise die Gefahr, dass andere die
Kontrolle über dein Leben haben, obwohl du das gar nicht willst.

- Manchmal stellst du seufzend fest:
  Ich lebe nur für andere.

- Du hast große Angst, egoistisch zu wirken, wenn
  du Nein sagst.

- Du entschuldigst dich sehr schnell und sehr oft.

- Wenn dich jemand verletzt, sagst du oft „Alles gut",
  auch wenn nichts gut ist.

- Du spielst eine Rolle, damit andere dich wahrnehmen.

- Du wartest häufig auf Lob, das nicht kommt.

- Du opferst dich für andere auf, aber die sich nicht für dich.

- Du hältst dich mit deiner Meinung zurück, um nicht anzuecken.

- Du lässt dich von anderen vollquasseln, auch wenn du keine Zeit hast.

- Forderungen sind für dich grundsätzlich „kein Problem".

- Du meidest es, Dinge zu reklamieren oder dich zu beschweren.

- Dein Lächeln ist eher unterwürfig als fröhlich.

- Im Streit gibst du lieber nach als zu widersprechen.

- Du triffst häufig Leute, die du nicht magst, weil du die Verabredung nicht absagen willst.

- Dir hat schon mehrmals jemand gesagt: „Du bist nett, aber ..."

- Bei schwierigen Entscheidungen sagst du oft: „Entscheide du."

Kapitel 5

Ein beherztes Ja zum Nein!

•

Elegant und klar ablehnen:
Wie wir lernen, uns abzugrenzen

Eigentlich sind es nur vier Buchstaben. Dennoch bringen wir sie meist höchst ungern und nach inneren Kämpfen über die Lippen, sobald wir Trotzphase und Pubertät hinter uns haben. Vor allem Frauen leiden unter regelrechten Nein-Allergien. Macht aber nichts, denn das lässt sich gut ändern. Ob mit Übungen, vorsichtigem Verschieben oder einem klaren Wort – Neinsagen ist viel einfacher, als du denkst. Ein Nein zu anderen ist schließlich ein Ja zu dir selbst.

D as E-Mail-Postfach quillt über mit wichtigen Aufgaben und jetzt wird vom Chef jemand gesucht, der ganz dringend noch einen weiteren Auftrag übernimmt („Könntest du mal eben ...?"). Der Nachbar funkt um Hilfe, weil er lange feiern will und nach einem Gassigänger für seinen Hund am nächsten Tag morgens um sieben fahndet. Die Mutter des besten Freundes deines Kindes benötigt dringend eine Nachmittagsbetreuung mit Übernachtung für ihren Sohn. Die Kollegin droht mal wieder mit Krankmeldung, falls niemand ihr zur Seite springt und Arbeit abnimmt. Deine Mutter bittet dich, zum Familienfest am Wochenende noch Kuchen und Nachspeise mitzubringen.

Für nichts davon hast du gerade einen Kopf, denn da stecken schon tausend andere Dinge drin. Trotzdem sagst du nicht einfach: „Nein, das geht heute nicht." Stattdessen windest du dich ein wenig („Ich weiß nicht, vielleicht ...") und schon schnappt die Falle zu. Der andere erhöht den Druck („Ich breche zusammen, wenn du mir nicht hilfst"), du fühlst dich gezwungen, und wenig später findest du dich dort wieder, wo du auch sonst viel zu oft stehst: Du sagst Ja, obwohl du eigentlich überhaupt keinen Bock darauf hast.

Auf der Suche nach Liebe und Anerkennung

Beim Neinsagen ist es ähnlich wie bei den eigenen Bedürfnissen: Wir schaffen es einfach nicht, uns abzugrenzen. Wir geraten in Loyalitätsfallen, weil wir uns verantwortlich fühlen, weil wir Angst vor Ablehnung haben oder befürchten, dass andere uns nicht mehr mögen, wenn wir nicht für sie einspringen. Je persönlicher die Beziehung, desto schwerer fällt uns ein Nein. Wir wollen schließlich alle gelobt, anerkannt und geliebt werden.

Manchmal stecken auch Glaubenssätze hinter der Nein-Allergie – wie die Wonderwoman-Devise „Ich schaffe alles". Dass das nicht so ist (und gar nicht so sein kann), merkst du, wenn du unzufrieden, muffelig, wütend oder hilflos wirst und schlechte Laune verbreitest. Das darfst du übrigens gerne als Zeichen nehmen – als Zeichen dafür, dass Kopf und Herz gerade nicht in Einklang sind. Ebenfalls eindeutige Signale für ein Ja zum Nein: Dauermüdigkeit, Überforderung, kranke Kinder, überquellender Terminkalender, keine Zeit zum Durchatmen, schlechtes Zeitmanagement und viele andere Nervfaktoren.

Unter Gruppendruck wird's besonders schwer

Das Sommerfest in der Kita steht an und alle sollen mal wieder etwas mitbringen. Innerlich bist du am Fluchen: Immer dieser sch... Gruppenzwang! Aber natürlich möchtest du nicht die einzige Mutter sein, die offen sagt: „Ich habe weder Zeit noch Lust zum Kuchenbacken." Stattdessen überlegst du, wie du einen Tiefkühlkäsekuchen mit Gummibärchen bestückst und ein Paket Apfelsaft auf den Tisch stellst. Doch dann übertrifft die Muttikonkurrenz sich schon mit Rezepten für Selfmade-Marzipantürme mit Glitzer und Bioschorle aus selbst gepflückten Beeren. Wie im Reflex sagst du Nein zu deinem Auftaukuchen. Denn du hast Angst vor abschätzigen Bemerkungen und hochgezogenen Augenbrauen. Du fühlst schon lange vor dem Fest, wie du in den Rechtfertigungsmodus rutschen wirst. Gerade wenn es um die eigenen Kinder geht, neigen wir dazu, unser Selbstwertgefühl ein paar Stufen abzusenken. Wer im Job durchaus klar Nein sagen kann, schafft das nicht automatisch auch an der Kindergartentür.

Ja sagen muss in jeder Hinsicht passen

Niemand möchte herzlos rüberkommen und die Not anderer nicht sehen. Da gilt es, die richtige Balance zu finden. Ja und Nein sagen darf ruhig im Wechsel stattfinden. Denn Ja sagen ist etwas Tolles, mit dem man ruhig großzügig sein darf. Wenn jemand dir hilft oder dir einen Gefallen tut, solltest du die Gegenleistung nicht dauerhaft blockieren. Deine Bereitschaft zum Ja darf nur nicht einseitig und überstrapaziert werden. Ja sagen muss passen – zeitlich, inhaltlich, in Bezug auf die Situation und mit Rücksicht auf deine eigene Belastungsgrenze.

Wäre es nicht schön, wenn du etwas cooler sein und öfter mal ein Nein rausbringen würdest? Das lässt sich lernen. Starte wie im Sport mit leichten Übungen zum Warmwerden, steigere dich langsam und werde irgendwann zum Profi. Wir haben ein paar Techniken für dich:

1: Mentale Vorbereitung

Mach dir klar, dass du selbstverständlich kein schlechtes Gewissen haben musst, wenn du Nein sagst. Kleine Selbstbeschwörungen („Ich bin auch und vor allem für mich da!") können auch dein neues Mantra werden. Frag dich, wie oft du jemanden aus deinem

Leben verstoßen hast, weil er Nein gesagt hat. Wahrscheinlich nie. Es war vielleicht etwas unbequem, aber nie dramatisch. Also: Sag Nein ohne Gewissensbisse.

2: Ausreden – zum Warmwerden okay

Sich rauszureden ist ein Anfang und deshalb besser als gar nichts. Allerdings sind Ausreden durchschaubar und das Problem wird eher aufgeschoben als aufgehoben. Irgendwann erwischt es dich dann doch. Denk an die Beiratswahlen auf Elternabenden, an denen bekanntlich alle „beruflich derzeit wahnsinnig stark eingespannt" sind. Um die Kinder zu Hause vorzuschieben, musst du mindestens vier haben; sonst wirkt die Ausrede nicht. Alle anderen sind schließlich auch nicht kinderlos. Wer es wagt, einmal klipp und klar abzulehnen, ohne Rücksicht auf die Angst „Die Lehrer lassen das an meinen Kindern aus", wird nicht wieder gefragt.

3: Notlüge – ja, aber nur zur Not

Der Opa ist gestorben, das Kind plötzlich krank geworden, der Hund hat wichtige Papiere zerfetzt oder der Computer einen Totalschaden, damit du nicht Ja sagen musst? Klar, die Notlüge geht, wie ihr Name schon sagt, im Notfall immer. Aber brauchst du sie wirklich?

Wenn du dich für die Wahrheit entscheidest und einfach Nein sagst, musst du nicht einmal eine Begründung liefern. Außerdem darfst du nicht vergessen: Lügen ist Stress. Du machst es unnötig kompliziert, wenn du dich in Widersprüche verstrickst. Peinlich wird es, wenn das kranke Kind draußen spielt oder du deine Entscheidung per Mail über den angeblich kaputten Computer schickst.

4: Zeit gewinnen und vertagen

Auch eine Lösung: Vertagen. Aber eine wenig nachhaltige. Hier geht's dir ähnlich wie bei den Ausreden: Sie holen dich ein. Immerhin hat das einen großen Vorteil: Du gewinnst Zeit zum Nachdenken über deine Meinung oder eine gute Ausrede – oder zum Nachschlagen in diesem Buch. Wenn du dich für die Taktik des Vertagens entscheidest, um dir eine Meinung zu bilden, kannst du später noch einen Trumpf ausspielen. Du hast dein Gegenüber schon vorsichtig auf eine Absage vorbereitet. Erscheinst du dann doch, jubelt der andere gleich doppelt.

Etwas abfedern kannst du die Wucht eines Neins auch, indem du den Zeitpunkt der Entscheidung verschiebst. „Ich kann dir erst nächsten Montag sagen, ob es klappt" oder „Ich rufe in zwei Stunden zurück. Dann weiß ich mehr". Du signalisierst damit Hilfsbereitschaft und schonst die Beziehung – und zwar auch dann, wenn du später Nein sagst.

5: Anfragen weiterleiten

Elegant kommst du auch aus einer Sache heraus, indem du sie weiterleitest, statt Nein zu sagen. „Nette Anfrage von dir, aber leider kann ich gerade überhaupt nicht. Versuch es doch mal bei unserem neuen Kollegen, der freut sich über schöne Aufträge." Genauso kannst du dir auch Hilfe für dich selbst beschaffen. „Bevor ich das für dich tue, muss ich noch einen Fehler in meiner Abrechnung finden. Komm doch mal eben rüber und hilf mir dabei. Dann geht's schneller."

Drängelnde Chefinnen und Chefs wimmelst du cool mit ihren eigenen Waffen ab, indem du deine To-do-Liste vorlegst und fragst: „Ich sitze heute den ganzen Tag an A und B. Du möchtest, dass ich jetzt C mache. Alle drei sind nicht möglich. Was ist dir am wichtigsten?"

6: Lange Erklärungen vermeiden

Wenn du jemandem eine Bitte abschlägst, solltest du dich vor allzu langen Erklärungen hüten. Die klingen schnell nach schlechtem Gewissen oder einer Entschuldigung, wo es eigentlich nichts zu entschuldigen gibt. Wenn du zum Beispiel am Wochenende wegfahren möchtest, reicht das als Grund für die Absage. Wer sich schlecht dabei fühlt, schiebt oft unnötige Informationen hinterher („Meiner Freundin geht's so schlecht. Ich muss da unbedingt hin. Letzte Woche hat sie mir erzählt, dass ..."). Das ist vielleicht nett gemeint, verfehlt aber die Wirkung, denn du wirkst dann nicht souverän.

7: Verständnis zeigen

Du kannst auch Verständnis zeigen, um ein Nein abzuschwächen („Puh, ich kann gut verstehen, dass du dringend nach Hause musst, war bei mir nicht anders, als die Kinder klein waren. Leider kann ich heute trotzdem nicht länger bleiben"). Wenn der andere nachbohrt, darfst du auch noch einen drauflegen, bleibst aber trotzdem klar in der Sache („Du weißt doch, dass ich sonst immer für dich da bin").

Wenn Kollegen oder Chefs etwas wollen, bei denen du vom Ranggefüge her nicht ohne Weiteres Nein sagen kannst, hilft auch eine andere Taktik. In solchen Fällen heißt das Zauberwort „schwierig". Es geht vielen Menschen leichter über die Lippen als ein Nein. Sprich das Wort langsam aus. Mach danach eine Pause und halt Blickkontakt. Falls der andere dann noch nicht aufgibt, schiebst du nach: „Mein Terminkalender ist in den nächsten Wochen packevoll." Gönn dir wieder eine Pause, um anschließend zu fragen: „Was können WIR da tun?" Damit holst du den anderen in die Verantwortung; er muss jetzt nach einer Lösung suchen, statt sie nur weiterzudelegieren.

8: Nichts da mit „gern geschehen"

Manchmal kommt man aus der Ja-Nein-Zwickmühle einfach nicht heraus und hat den ehrenamtlichen Job doch an der Backe. Dann ist es wichtig, nicht gleich den Grundstein für den nächsten Gefallen ohne Gegenleistung zu legen. Wenn du dich wirklich für jemanden ins Zeug gelegt hast und der sich (hoffentlich!) bedankt, darfst du nicht abwinken mit Floskeln wie „Ist doch selbstverständlich", „Gern geschehen" oder „Da nicht für", denn dann hast du demnächst Folgeaufträge ohne Ende.

Das ist aber nur eine mögliche Konsequenz. Viel wichtiger: Du schmälerst deine Leistung. Und das kann es wirklich nicht sein. Denn in vielen Fällen ist es Extraaufwand, nicht selbstverständlich oder nur mit Zähnezusammenbeißen geschehen. Daher lieber so etwas antworten wie: „Du hast Glück, für dich mache ich das (ausnahmsweise)." Oder: „Du, kein Thema, du überweist mir einfach einen mittleren vierstelligen Betrag aufs Konto." Oder: „Du, ich weiß, du würdest dasselbe für mich tun."

9: Perspektivenwechsel

Du grübelst und grübelst und kommst bei der Suche nach einer eleganten Nein-Lösung zu keinem Ergebnis? Dann versetz dich mal in die Perspektive des anderen. Was würdest du von ihm oder ihr am liebsten hören, wenn er/sie dir einen Wunsch abschlägt? Meistens geht das in die Richtung „Ich habe gar nichts gegen dich, es geht wirklich nur um die Sache oder den Zeitpunkt". Es ist nämlich immer angenehmer, zu einer Sache als zu einem Menschen Nein zu sagen. „Du weißt doch, liebe Lilli, dass ich dich wirklich gernhabe. Es hat überhaupt nichts mit dir zu tun, dass ich ausgerechnet am Montag nicht kann. Du findest bestimmt jemand anderen."

10: Fünf gerade sein lassen

Und zu guter Letzt: Wag den Befreiungsschlag aus der unnützen Jasagerei. Gewöhn dir das an, was man in Bayern mit dem wunderbaren Ausdruck „gepflegte Wurschtigkeit" beschreibt. Will heißen: Leg nicht alles auf die Goldwaage und lass auch mal fünf gerade sein.

JETZT DU

Spieglein, Spieglein an der Wand

Du hast Nein gesagt? Jippieh! Glückwunsch! Wenn du magst, kannst du jetzt noch an der Haltungsnote feilen. Denn im Moment des Nein-sagens gucken wir zum Beispiel unbewusst häufig zur Seite, fassen uns ins Gesicht oder formulieren das Nein als Frage. Oft sprechen wir dabei zu leise. Ein gewinnendes Lächeln kann okay sein. Das Nein darf auch mit warmer, aber klarer Stimme gesprochen werden. Es ist ein liebes, kein böses Wort. Üb vor dem Spiegel. Sprich mit fester Stimme und in aufrechter Körperhaltung. Duck dich nicht weg, indem du Blickkontakt meidest oder verlegen lächelst. Blick deinem Gegenüber direkt in die Augen. Damit signalisierst du, dass es keinen Verhandlungsspielraum gibt. Du darfst auch ruhig auf den anderen zugehen, anstatt dich erschreckt abzuwenden. Üb mit deinem Spiegelbild ein herzhaftes, fröhliches, beschwingtes, neutrales, zugewandtes Nein.

Schluss mit der ewigen Jasagerei

Na, sitzen die Vokabeln noch, wenn du das nächste Mal Nein statt Ja sagen willst? Wir haben dir die wichtigsten Worte noch mal zum schnellen Nachschlagen zusammengefasst. Auf dieser Seite warnen wir vorm Jasagen im Autopiloten, rechts findest du unsere **So-ist-es-besser-Tipps**:

No-go-Antworten, wenn du etwas nicht willst oder nicht schaffst

- Gerne
- Selbstverständlich
- Okay
- Wird gemacht
- Hmm, ja
- Logo
- Schon so gut wie erledigt
- Immer zu deinen Diensten

<u>So ist es besser – für dich und dein Seelenheil</u>

- Nein

- Da muss ich erst drüber nachdenken.

- Ich habe leider keine Zeit.

- Ich melde mich später damit.

- Nein, heute nicht

- Hilf mir erst mal bei meinem Kram.

- Du weißt doch, dass ich dich mag, nur …

- Ich bin immer gerne für dich da.
  Heute geht's nicht.

- Frag doch mal den Kollegen …

- Schwierig

- Ich versteh dich, aber …

- Du findest bestimmt jemand anders.

Kapitel 6

Ich und Botox? Na, logisch!

•

Warum dich ein offenes Ja weiter bringt als ewiges Herumgedruckse

Das Wort „Ja" hat eine wundervolle Wirkung. Ein beherztes Ja bringt dich nach vorne, wirkt entscheidungsfreudig und kann ein echter Befreiungsschlag sein. Außerdem kannst du damit potenziellen Kritikern charmant den Wind aus den Segeln nehmen. Ein Ja macht groß. Mut dazu ist das Powerwerkzeug für mehr Zufriedenheit und Selbstsicherheit. In diesem Kapitel erfährst du, warum du dir ein Ja ruhig öfter zutrauen darfst.

Dieser Fluch ist auch an mir nicht vorbeigegangen. Es ist schon einige Jahre her, als Brustverschönerungen total angesagt waren. Ich hatte meine erste Schwangerschaft mit Stillzeit hinter mir und wollte wieder etwas knackiger werden. Meine OP war wohl nicht zu übersehen – und so stellte mir ein Boulevardreporter die Standardfrage: „Britt, hast du was machen lassen?" Ich wusste nicht, warum ich es bestreiten sollte, und sagte einfach: „Ja!" Die Reaktion in Form einer Schlagzeile („Brittdd jetzt mit Doppel-D") war nicht zu vermeiden, aber auf jeden Fall cooler als Enthüllungen in der Yellow Press mit Beweisfotos und Vorher-Nachher-Vergleichen.

Ziemlich viele Prominente können ein Lied davon singen. Gleichgültig, was sie anstellen, es wird sich immer jemand finden, der jeden Furz spitz kommentiert. Journalisten rühmen sich, wenn sie mit fiesen Fragen vermeintliche Wahrheiten aufdecken. Und auch im ganz normalen Nachbarschafts- und Bekanntenkreiswahnsinn werden oft die mit Kommentaren angegangen, die es (vermeintlich) supergut haben. Also: reich, schön, schlau, sportlich, genial, eloquent, witzig, schlagfertig, blaublütig oder aus anderen Gründen berühmt. Neid ist nun mal menschlich. Du kannst von Hollywoodstars, Politikern und Promisportlern einiges lernen in Sachen „etwas zugeben, ohne ein Enthüllungsopfer zu werden".

So ziemlich jede Beauty, die in der zweiten Lebenshälfte angekommen ist, muss zum Beispiel mit der Botoxfrage rechnen. Meist wird herumlaviert oder empört abgewiesen („Was, Botox? Ich doch nicht!"). Je heftiger das Dementi, desto größer allerdings die Lust, den anderen zu überführen oder wilde Spekulationen anzustellen.

Wie man den Entlarvungsstress ganz einfach loswird, machen Stars vor, die der Hetzjagd entschlossen Paroli bieten: „Ja, logisch nehme ich Botox. Das ist übrigens super." Und dann mit der gleichen Frechheit gaaaanz cool vorschlagen: „Solltest du auch mal probieren." Das ist nicht nur astrein pariert, sondern mit zielsicherem Konter zurückgespielt. Von nun an wird die Frage niemandem mehr Spaß machen. Die Opfer werden nicht mehr angegriffen, weil sie sich einfach nicht angreifen lassen. Bäm!

Wir lieben Enthüllungen und Geheimnisse

Das gilt natürlich nicht nur für Prominente. Du musst nicht Prinz Harry sein, damit andere angebliche Enthüllungen über dich interessant finden. Wir mögen es einfach, Geheimnisse oder das, was dafür gehalten wird, über andere zu erfahren, zu verbreiten und sie dann damit zu konfrontieren. In solchen Fällen gibt es auch für Privatmenschen nichts Befreienderes als ein mutiges Ja.

Die meisten werden im Laufe ihres Lebens mit Kritik konfrontiert. Wenn die alte Schulfreundin sich mit süffisantem Unterton erinnert („Weißt du noch, wie peinlich du damals auf dem Tisch getanzt hast"), möchte sie dich – Freundin hin oder her – ganz gerne ein bisschen in Verlegenheit bringen, sonst würde sie ja nicht daran erinnern. Du könntest dir den Schuh anziehen („Boah, erinnere mich bitte nicht daran, ich schäme mich bis heute dafür"). Du kannst aber auch einfach „Ja" sagen – und sonst nichts. Sie wird nicht mehr weiterbohren. Es ist aber auch ein anderes Szenario möglich: Sie will dir gar nichts Böses, aber es rutscht einfach aus ihr heraus und ist sogar nett und lustig gemeint. Nur du findest das weder nett noch lustig. Ein Ja kann dann den Zickenkrieg verhindern. Im zweiten Schritt schauen wir uns gleich noch mal an, wie du ebenfalls innerlich heiter bleibst, statt zur beleidigten Leberwurst zu werden.

Read more: „Hilfe, mir steckt da ein Wort im Hals!" (S. 206 ff.)

Das überraschende Ja in der Anwendung

Du siehst, welch fantastische Wirkung ein unverblümtes Ja haben kann. Ähnlich effektiv wirken Techniken, die das einfache Ja weiter variieren und strategisch zum Einsatz bringen. Ihr Verblüffungseffekt basiert darauf, dass heftige Abwehr erwartet, stattdessen aber eine überraschende Zusage gegeben wird. Diese Form des Jasagens kannst du gezielt üben. Wir haben dir hier ein paar Situationen zusammengestellt:

1: Mit Power gegen Pedanten

Jemand unterbricht deine Präsentation mit Korinthenkackerei: „Du hast da den falschen Tiefstrich verwendet." Du zeigst Souveränität, indem du überraschend zustimmst („Ja, richtig gesehen") und sofort weitermachst. Damit der Tiefstrichpedant dir nicht noch mal auf den Senkel geht, kannst du seine nächste Attacke vorwegnehmen und beim nächsten Strichlein in die Offensive gehen: „Achtung, hier kommt wieder ein falscher Tiefstrich" – und weiter im Text.

2: Die Stimmt-Strategie

Leider gibt es ungefähr Trilliarden Möglichkeiten, etwas angeblich falsch, vermeintlich richtig beziehungsweise einfach nur anders zu machen. Manche Zeitgenossen lauern geradezu darauf, anderen genau das vorzuwerfen, um zu zeigen, dass sie es besser wissen (Stichwort: Selbsterhöhung durch Abwertung des Gegenübers).

Du hast dich zum Beispiel bei deinem Vortrag an den Grundsatz „kurz und knackig" gehalten? Dein Neider greift das auf: „Du warst doch nur zu faul, noch mehr zu machen." Oder du hast extraviel erarbeitet, damit niemand dir Faulheit vorwerfen kann, und jetzt raunt Guido Giftig: „Ich glaube, von den Anwesenden hier erwartet niemand eine Doktorarbeit." Egal, aus welcher Richtung etwas kommt, du parierst gelassen: „Stimmt." Und machst weiter mit deinem Vortrag.

3: Ironisch zugespitztes Ja

„Ach nee, sieh an, unser Youngster ist heute mal pünktlich", stellt die Chefin mit süffisantem Unterton fest. Keine schöne Sache für dich, aber Ausreden wie „Entschuldigung, mein Bus hatte Verspätung" sind doch recht lahm. Und ein Ja reicht in diesem Fall nicht aus, weil es nicht verblüfft. Es wird aber witzig, wenn du deine Zustimmung ironisch weiterdrehst: „Stimmt, ich habe nämlich aus Versehen einen früheren Zug genommen."

4: Ball fangen und zurückspielen

Gern genommen ist auch gespieltes Entsetzen über Verantwortlichkeiten. Jemand will dich ärgern und fragt suggestiv: „Bist du für diesen Mist verantwortlich?" In Gedanken freut sich dein Gegenüber schon und malt sich in den schönsten Farben aus, wie du ins Stottern geraten wirst und dich mit Selbstverteidigung quälst. Den Gefallen tust du ihm natürlich nicht. Genauso pauschal wie die Attacke ist dein Konter: „Das weise ich zurück. Es ist definitiv kein Mist, sondern ziemlich genial. Und – ja! – ich bin dafür verantwortlich." Pause. Die Pause ist deshalb wichtig, weil du damit den Ball zurückspielst. Dein Schweigen ist eine Aufforderung an den Angreifer. Er muss genau jetzt vor Publikum eine Begründung liefern, sonst steht er selbst blöd da.

Auch immer gut: Stell ihm eine Rückfrage, um zu zeigen, dass du dir in deiner Sache sicher bist: „Was genau möchtest du denn wissen?" Auch da muss der Stänkerer reagieren.

5: Das Umdeutungs-Ja

Wenn dir jemand pauschal unterstellt, ein schwieriger Mensch zu sein, oder dir eine andere unangenehme Eigenschaft zuschreibt, wünscht er sich natürlich, dass du das energisch bestreitest, ein bisschen beleidigt bist oder beschämt nachfragst, wie er bloß darauf kommt. Das ersparst du dir, indem du den Vorwurf aufgreifst, umdeutest und ihn dann uneingeschränkt zugibst – Überraschungseffekt inklusive. „Wenn du mit schwierig meinst, dass ich erst denke, bevor ich rede, dann hast du völlig recht."

Ja sagen, Nein sagen – was denn jetzt?

Vielleicht kommt dir das jetzt komisch vor, weil du im vorherigen Kapitel ja gerade erst erfahren hast, wie wichtig es ist, Nein zu sagen – und die passenden Methoden dazu gelernt hast. Das ist aber nur auf den ersten Blick ein Widerspruch. Ein Nein ist wichtig, um sich abzugrenzen und nicht dauernd Dinge für andere zu tun, die nicht gut für einen selbst sind.

Fiese Attacken?
So holst du einen Mehrwert für dich heraus

Wir haben alle unsere wunden Punkte. Wenn Menschen versuchen, dir ein schlechtes Gewissen zu machen, und ihnen das gelingt, dann haben sie wahrscheinlich ins Schwarze getroffen. Jetzt aber bloß nicht Trübsal blasen! Im Gegenteil. Du hast viel davon, weil du es nutzen kannst, um dich selbst besser kennenzulernen – und dich gegebenenfalls zu verbessern.

Geh mal in Gedanken dein Leben durch: Wann ist jemandem zuletzt ein richtig mieser Schlag gegen dich gelungen? Hat die blöde Ziege aus dem Nachbarbüro sich mal wieder über dein ewiges Singledasein mokiert? Deshalb kannst du dir natürlich nicht sofort einen Partner zulegen.

Logisch. Aber es hilft, wenn du ein paar coole Konter trainierst und entspannt bleibst. Anders ist die Lage, wenn ein Kollege die hohe Tonlage deiner Stimme nachäfft und du ihn dafür würgen könntest. Klar, Rache ist süß, aber – mal ehrlich – wenig elegant. Denn das Lästermaul hat dir soeben verraten, wo du Schwachpunkte hast und was vielleicht bei dir besser laufen könnte. Eventuell hat er sogar recht damit. Nun hast du zwei Optionen, die besser sind als Würgen: 1. Du übst ein paar Abwehrmaßnahmen (wie du sie zum Beispiel in diesem Buch findest) und lässt dich nicht mehr aus der Fassung bringen. 2. Du nimmst ein paar Stunden Stimmtraining bei einem Coach und kannst künftig souveräner auftreten.

Ein Ja hingegen ist mehr als kein Nein. Es ist wie ein Appell zum Aufbruch: Hey, hier bin ich. Ich verstecke mich nicht länger, ich werde jetzt aktiv.

Das geht allein mit einem Nein nämlich nicht unbedingt. Du schützt dich damit zwar selbst, kannst aber bequem in deinem Schneckenhaus bleiben und die Tür zumachen. Bevor du aktiv wirst, findest du in der Regel genug andere, denen du die Schuld für deine Misere in die Schuhe schieben kannst. Im Zweifelsfall ist das der oder die Liebste („Neben dir geht ja für mich gar nichts mehr"). Auch Kinder, Beruf, die Wohnlage, die „Umstände", das Geld, die Eltern und im Zweifelsfall das Wetter lassen sich gut vorschieben, um nichts Neues wagen zu müssen. „Ich kann ja gar nicht anders. Ich komme ja hier nicht raus", heißt es dann.

Mit einem Ja nimmst du dich in die Verantwortung

Mit einem eindeutigen Ja zu dir selbst und zu deinen Bedürfnissen bringst du positive Veränderung auf den Weg. Du nimmst dich selbst in die Verantwortung – und kommst damit sehr viel weiter. Wenn du in dich gehst und überlegst, in welchen Punkten du dich allein mit einem entschlossenen Ja weiterentwickeln kannst, fällt dir bestimmt einiges ein:

+ Wolltest du nicht schon längst mal eine neue Sprache lernen, einen Salsatanzkurs belegen oder dich ehrenamtlich engagieren und hast das immer wieder aufgeschoben, weil einfach das Ja zum Start fehlte?

+ Was ist eigentlich aus der Fortbildung geworden, die deine Firma schon länger im Angebot hat? Worauf wartest du dann noch? Sag Ja – und du hast die Chance, neue und interessantere Aufgaben zu übernehmen.

✛ Wie war das noch gleich mit dem Vorsatz, mehr Sport zu treiben? Ein Ja zum Yogakurs oder zur Laufgruppe ist gleichzeitig ein Nein zu deinem inneren Schweinehund.

Du merkst, all das sind die Dinge, die Wendungen in dein Leben bringen. Das lässt sich wahrscheinlich auch rückblickend belegen. Das Ja zum Abi, das Ja zum Studium, zum Partner fürs Leben (wenn es denn gut geht) oder ein Ja zum Schlussmachen (wenn nicht), zum Auswandern oder Umziehen, ein Ja zu einer mutigen Reise an Orte, an denen du noch nie warst – Schritte, die dich weiterbringen, beginnen meist mit einem Ja. Übrigens: Sobald du mutig Ja gesagt hast, ist dein Antrieb nicht negativ im Sinne eines Mangels, sondern die Lust auf Neues treibt dich immer weiter nach vorne. Ja!

Keine Angst vor Zustimmung

Wenn dich jemand angreifen, kritisieren, bloßstellen oder etwas über dich enthüllen will, steckst du das mit einem Ja locker weg und niemand kann dir etwas anhaben. Sobald du dich in die Enge getrieben fühlst, rufst du dir Worte der **Zustimmung** ins Gedächtnis (linke Seite) und meidest **Rechtfertigungen, Entschuldigungen und Co.** (rechte Seite).

Das darfst du ruhig öfter sagen:

- Ja
- Klar
- Stimmt
- So ist es.
- Genau
- Richtig
- Gut gesehen.
- Absolut
- Logo
- Selbstverständlich

Steh zu deinen Entscheidungen und meide Rechtfertigungen à la:

- Das tut mir leid.

- Das wollte ich nicht.

- Oh, entschuldige bitte

- Sorry

- Kommt nicht wieder vor.

- War ja nur ein Versuch.

- War blöd von mir.

- Vielleicht nicht der richtige Zeitpunkt

- Heute ist wohl nicht mein Tag.

- Beim nächsten Mal wird's hoffentlich besser.

- Ich schäme mich dafür.

- Das liefere ich nach.

- Ich strenge mich mehr an.

Kapitel 7

Mann, Frau, Super-GAU?

•

Muss nicht sein.
Achtsame Kommunikation
hält die Liebe frisch

Wenn Männer und Frauen miteinander reden, treffen Welten aufeinander, heißt es. Leider führt das oft ins Gefecht zwischen Frau Quasseltante und Herrn Schweiger. Dabei geht es gar nicht in erster Linie um geschlechtsspezifische Unterschiede, sondern um Tücken in der Kommunikation, die wissenschaftlich gut belegt sind. Wer sie kennt, geht nicht so schnell unter.

Dieser ... Aaaaah, dieser Idiot! Tja, man möchte gar nicht wissen, was wir oft so in unseren nicht vorhandenen Bart zischen, wenn wir sauer sind. Mit dem Partner sprechen und streiten? Beides kann ebenso gelingen wie komplett entgleisen. Willst du deinen Schatz mit seinen Schwachstellen fertigmachen oder wohlwollend damit umgehen? Möchtest du, dass dein Auserwählter hobbymäßig auf dir herumhackt oder dich nimmt, wie du bist — mit all deinen kleinen und größeren Macken? Klingt banal, dahinter steckt aber eine tiefe Weisheit: Die Qualität eurer Kommunikation entscheidet über die Qualität eurer Beziehung. Kurzum: Sobald wir anfangen, sprachlich zu schludern, passiert etwas Blödes. Das kommt im Privaten viel öfter vor als im Beruflichen und trifft in der Regel unsere Partner und Kinder. Wir verurteilen andere pauschal, machen unfaire Vergleiche, stellen gemeine kleine Fallen, erheben uns, um andere zu manipulieren, und sind uns nicht zu schade, uns selbst zum Opfer zu stilisieren, um anderen ein schlechtes Gewissen zu machen.

„Pfui, so was würde ich doch niemals tun", denkst du jetzt vielleicht. Ja, so geht's uns auch — und doch machen wir es oft unbewusst. Vielleicht bist du ja schon einen Schritt weiter und atmest Partnerstress buddhaesk aus der Hüfte weg. Sollte das der Fall sein, lohnt es sich trotzdem, dieses Kapitel zu lesen. Denn du hast bestimmt ein paar Freundinnen und Freunde, die im Rahmen unserer kleinen Fallanalysen erkennen: „Oh ja, Mist, so läuft das bei uns leider auch oft."

Mit dem Meta-Modell Verletzungsmuster erkennen

Das, was wir hier schreiben, findest du wissenschaftlich unterlegt im sogenannten Meta-Modell der Sprache aus dem Neurolinguistischen Programmieren (NLP). Es eignet sich prima für eine Analyse dessen, was man jeden Tag so von sich gibt. Wir können damit unbewussten sprachlichen Filterprozessen auf die Schliche kommen. Im Meta-Modell gibt es einen Katalog, der typische Kommunikationsmuster beschreibt, derer sich die meisten Menschen allzu gern bedienen, ohne zu ahnen, was sie damit anrichten. Diese typischen Sätze und Satzbausteine haben so klangvolle Namen wie Modaloperatoren, Tilgung, Universalquantoren, Vorannahmen, komplexe Äquivalenz, Gedankenlesen, Generalisierung, Verzerrung oder Nominalisierung. Hä? Was soll ich denn damit anfangen?, wirst du jetzt fragen. Versteht kein Mensch, klingt nur schlau. Was sich dahinter verbirgt, zeigen wir dir jetzt. Du wirst staunen – denn du kennst wahrscheinlich alle.

Die No-Gos in einer guten Beziehung

Wir können es auch einfacher ausdrücken: Was glückliche Paare von anderen unterscheidet, ist die Art, wie sie miteinander reden. In Expertenkreisen heißt das auch gewaltfreie oder wertschätzende Kommunikation. Im Prinzip ähnelt der Ansatz dem Meta-Modell: Indem wir bewusster miteinander reden und verbale Fallen vermeiden, kommen wir uns näher und bauen Brücken, statt Gräben zu vertiefen. Immer noch zu abstrakt? Dann haben wir jetzt ein paar konkrete Beispiele für dich, die dir vielleicht nicht ganz unbekannt vorkommen:

1: Modaloperatoren: Schluss mit „Du musst"

Einmal klugscheißen bitte: Das erste Phänomen, über das wir sprechen möchten, nennt sich Modaloperatoren (für Freunde gepflegter Fremdwörter wichtig). Ansonsten lässt es sich anhand von Szenen aus meinem Leben viel besser begreifen. (Ähnlich wirst du es, Sabine, von einigen deiner Kunden wahrscheinlich auch geschildert bekommen.) Also los: Wenn ich gedanklich meinen Alltag mit Mann und Kindern durchgehe, enthält gefühlt jeder zweite Satz das Wörtchen *müssen*, wahlweise *sollen* oder *dürfen*. Ich muss, du sollst, wir müssen, ihr dürft nicht – oh Gott, was für ein Wahnsinn. Diese Forderungen haben eine irre Wortgewalt. Leider quäle ich ausgerechnet meine Liebsten viel zu oft damit. Ich labere meine Familie offen gestanden zu, bis niemand es mehr hören kann und die anderen völlig zu Recht auf Durchzug schalten. Damit manövriere ich mich selbst so richtig tief in die Abwärtsspirale: Niemand hört auf mich, keiner sieht mich, ich bin ja so arm, alle machen, was sie wollen, statt auf meine tollen Kommandos zu hören ...

Denke ich genauer drüber nach, fällt mir auf, dass wir eigentlich gar nichts müssen – außer atmen, essen, trinken, schlafen und mal aufs stille Örtchen gehen. Trotzdem werfen wir tagein, tagaus mit „Modaloperatoren" um uns. Warum? Weil es einfach eine schlechte Angewohnheit ist. Aber eben eine bequeme, die wir sehr gut kennen und beherrschen.

Lust auf eine Portion Selbsterkenntnis? Achte einfach mal darauf, wie oft du selbst im Alltag deine Sippe damit unter

Zugzwang setzt. Vielleicht wird dir dann klar, warum angeblich niemand auf dich hört.

Wie geht's besser? Das findest du relativ leicht heraus, indem du dich selbst fragst, mit welchen unguten Gefühlen du Befehle entgegennimmst, und die Erfahrung machst, wie schön es ist, selbst an Lösungen mitzuarbeiten. Ich jedenfalls habe – wie übrigens die meisten Menschen – keine Lust, mir von anderen vorschreiben zu lassen, was ich zu tun habe. Wenn jemand sich das anmaßt, regt sich reflexartig Widerstand in mir – und zwar gar nicht unbedingt in der Sache, sondern aus Prinzip („Ich bin doch nicht blöd").

Schlauer geht's (übrigens auch bei mir), wenn Lösungen angeboten werden, die so gut sind, dass man sie freiwillig übernimmt. Wenn ich zu einem meiner Kinder sage „Du musst jetzt aufräumen", ernte ich ein Augenrollen mit anschließender Weglaufgarantie. Anders wird's, wenn wir gemeinsam überlegen: „Wann hättest du Zeit? Wie würdest du gerne vorgehen?" Das Kind darf dann Ideen entwickeln, die umgesetzt werden – nicht, weil sonst Meckermama oder Computerverbot droht, sondern weil die Idee vom Kind kommt und kein Zwang ist.

Übrigens: Funktioniert auch bei Männern recht simpel. Statt: „Du musst heute den Großeinkauf machen" sagst du: „Lass uns mal das Wochenende ein bisschen planen. Wann passt es dir denn heute zeitlich für den Großeinkauf?" Niemand kann garantieren, dass es klappt, aber für die Stimmung ist es besser als Variante eins. So viel steht schon einmal fest.

2: Generalisierung: Sag niemals nie

Ebenfalls gern genommen im unausgesprochenen Partnerschaftskrieg ist die Strategie „Generalisierung". Auch hier gibt es viele kleine Worte mit zerstörerischer Wirkung wie *jeder, niemals, niemand, immer, ständig, dauernd, nur, nie* oder *alles*. Bei diesen sogenannten Universalquantoren wird ein Einzelerlebnis auf alles übertragen. Sie klingen erst einmal harmlos, doch sobald wir sie im Zusammenhang mit Konflikten benutzen, wird klar, wie fatal sie sind:

„Immer lässt du mich allein."

„Ständig redest du dazwischen."

„Dauernd muss ich dich an deine Aufgaben erinnern."

„Du kennst doch nur eine Lösung: Schweigen!"

„Nie hörst du mir zu."

„Immer lässt du deine benutzte Tasse rumstehen."

„Alles, was du anfängst, brichst du ab, anstatt es einmal zu Ende zu bringen."

„Das sagen alle."

„Niemand außer uns macht so was."

Streich diese Begriffe im Zusammenhang mit Anschuldigungen ab jetzt aus deinem Wortschatz. Denn erstens: Sie stimmen nie. Es kann einfach nicht sein, dass ein Mensch 24 Stunden nonstop nichts anderes macht, als seinen Partner vollzulabern oder ihm nicht zuzuhören. Dazwischen muss er oder sie ja zumindest mal atmen, essen, trinken, schlafen und Co. Zweitens provozierst du mit jeder Form von Generalisierung bei deinem Gegenüber eine blockierende Verteidigungshaltung und lieferst ihm Futter dafür, diese permanent aufrechtzuhalten. Also gilt: Beiß dir auf die Zunge und atme zerstörerische Verbalwaffen einfach mal weg, sobald diese in dir aufsteigen.

Eleganter: Du konzentrierst dich auf das, was du siehst, oder auf Fakten, die du zuletzt beobachtet hast: „Du bist letzte Woche dreimal abends ausgegangen und ich saß allein hier mit den Kids." Belass es ruhig bei dieser Feststellung und gib deinem Gegenüber die Chance, sich mit deinen Beobachtungen auseinanderzusetzen. Es ist wichtig, dass der andere die Feststellungen nicht als Kritik an seinem Charakter empfindet. Geht er einfach darüber hinweg, darfst du natürlich nachfragen: „Wie wäre es, wenn ich heute Abend mal allein losziehe und du hier den Laden übernimmst?" Oder: „Nächste Woche würde ich gerne ins Kino. An welchem Tag passt es dir am besten, die Kinder zu übernehmen?"

3: Tilgung: Das kleine gemeine Weglassen

Nein, hier geht es nicht darum, Schulden vom Hauskauf abzubauen. Es wird aber ebenfalls etwas abgebaut beziehungsweise weggelassen: nämlich relevante Information. Ob bewusst oder unbewusst – wenn du verbal tilgst, lässt du feine Details einfach weg und veränderst den Fokus. Uns fallen mit der Zeit meist häufiger die schlechten als die guten Dinge auf. Daraus wird dann eine wilde These gebastelt: „Du liebst mich nicht mehr – Wir sind dir egal – Ich schmeiße hier alleine den Laden." Um dieses schlechte Gefühl besser unterstreichen zu können, werden Gegenbeispiele – meist eher unbewusst – weggelassen (er hat dein Lieblingsessen gekocht, die Kinder abgeholt, für alle eingekauft etc.).

Beispiel gefällig? Stell dir eine langjährige Ehe vor. Die Liebe ist eingeschlafen. Wertschätzung ein Fremdwort geworden. Keiner bemüht sich mehr um den anderen, aber im Sticheln sind beide meisterhaft geworden (oder geblieben). „Du zeigst mir nie, dass du mich noch magst", wirft einer im Brustton der Überzeugung in den Raum. Dass der andere gestern noch ein Herzchen auf die beschlagene Autoscheibe gemalt, vorgestern das Lieblingsessen auf den Tisch gestellt und Schatzilein letzte Woche ganz süße Komplimente gemacht hat („In der neuen Jeans siehst du super aus") – all das wird einfach getilgt, als hätte es nicht stattgefunden, um zu bestätigen: „Du liebst mich nicht."

Kennst du das von dir selbst? Dann schärf deine Sinne und konzentrier dich auf Nettigkeiten, statt sie einfach auszublenden. Selbst kleine Liebessignale dürfen nicht unter den Tisch fallen. Wirft dein Liebster dir mangelnde Liebesbeweise vor, darfst du ruhig darauf aufmerksam machen, was geflissentlich übersehen wurde: „Ich habe dir letzte Woche noch ein Kompliment für dein tolles Outfit gemacht."

4: Gedankenlesen: Ich weiß, was du denkst

Die Manipulation kommt trickreich um die Ecke. Wir erlauben uns, dem anderen Gefühle unterzujubeln, die vielleicht gar nicht seine eigenen sind. Wie? Indem wir so tun, als könnten wir seine Gedanken lesen. Einer schlägt etwas vor und verkündet vorauseilend (vielleicht weil es bei diesem Thema schon mal so war): „Ich weiß, dass du jetzt schon wieder beleidigt bist." Welche Chance hat der andere? Er kann sagen „Gar nicht", grummelnd abziehen oder tapfer dagegen anlächeln, aber richtig gut ist das nicht. Stattdessen ist auch hier die Gegenfrage eine Lösung, die das Paar weiter- und auf die Sachebene zurückbringt: „Wie kommst du darauf?" Auch der Versuch, andere zu dominieren („Ich weiß, was das Beste für dich ist"), bringt die Balance eines Paares ins Wanken. Statt das zu schlucken, darfst du zurückfragen: „Und was sind deine Gründe dafür?"

5: Verzerrung: Hilfe, ich bin Opfer

Kennst du das? Als (ähm theoretisch) gleichberechtigte Partner hat jeder seine Jobs im Haushalt. Aber wenn du im Badezimmer die Fugen schrubbst, während dein Liebster im Auto durch die Waschanlage rollt und sich danach auch noch toll findet, wirst du richtig stinkig: „Ich mache den ganzen Mist und der pickt sich die Rosinen raus." Ein typischer Fall von Verzerrung.

Du siehst dich als Opfer (stehst also unschuldig und damit eigentlich ganz gut da) und den anderen als faulen Sack. Der soll sich mal schön schlecht fühlen, wenn du ihm später vorrechnest, wie unzulänglich er ist. Dabei hat er nichts anderes getan als Verabredungen eingehalten. Seine Tour durch die Waschanlage dauert nämlich genauso lange wie dein Geschrubbe – und die Arbeitsteilung war nun mal so, dass einer fürs Bad und der andere fürs Auto zuständig ist.

Warum passiert so etwas? Weil wir zu persönlichen Attacken neigen, wenn etwas anders läuft, als wir es gerne hätten. Wir verzerren Ursache und Wirkung. Schuld ist dann nicht die Situation, sondern der Mensch. Er hat wieder die Socken nicht in die Wäschetonne gesteckt, das Altpapier nicht weggebracht und kein cooles Geschenk gemacht. Klappt bei uns selbst hingegen etwas nicht wie erwartet, sagen wir natürlich nicht „Ich Trottel", sondern schieben es auf die Umstände: „Ging in der Situation leider nicht anders."

Wir können mit Verzerrungen Situationen ausschmücken und schöner machen oder trüber wirken lassen, um die eigene oder die Wahrnehmung des anderen zu beeinflussen. Was hilft? Mach dir diese Zusammenhänge klar, wenn du herumwütest, weil du dich benachteiligt fühlst. Statt Schmollen könnt ihr zum Beispiel einen Rollentausch vereinbaren: An einem Samstag machst du das Bad und er das Auto, am nächsten ist es umgekehrt. Wer weiß, vielleicht gefällt ihm der Hausputz ja sogar besser.

6: Vorannahmen: Du bist wie deine Mutter

Wenn wir andere verletzen wollen, hauen wir ihnen gerne sogenannte Vorannahmen um die Ohren (natürlich unbewusst, wir sind ja prinzipiell nette Menschen). Die drücken wir damit aus, dass wir Verletzendes in den Raum stellen, das unser Gegenüber hilflos macht. Ein Beispiel:

„Wann hörst du eigentlich auf, mir zu widersprechen?" Was soll der angeblich Widerspruchsfreudige darauf sagen? Morgen? Jetzt gleich? Nie? Alles albern. Denn in dem Moment, in dem er antwortet, hat er die Anklage schon akzeptiert. Es bleibt ihm erst einmal nichts anderes übrig, als zu schweigen beziehungsweise die Antwort zu verweigern. Auch Vergleiche mit negativ besetzten Menschen („Du bist wie deine Keifschwester" – „Du erinnerst mich an deinen fiesen Vater") werden gern als Vorannahmen genommen. In dem Moment, in dem dir klar wird, was du mit solchen Sätzen auslöst, kannst du den Weg der Bewusstmachung gehen und sie vermeiden.

Wirst du Opfer einer solchen Attacke, stehst du vor der Frage: Wie komme ich da raus? Die Antwort: Theoretisch, indem du die Kontrolle über deine Aussagen zurückholst. Praktisch heißt das, dass du mit einer Gegenfrage konterst. Dein Liebster greift dich an: „Du bist genauso selbstbezogen wie deine Mutter." Klar, dass du innerlich schäumst. Doch du bleibst trotzdem nach außen hin cool. Wie in so vielen Situationen hilft auch hier eine (möglichst unzickig neutrale) Gegenfrage: „Was genau passt dir denn nicht?"

Auch der Widerspruchsfreudige holt sich die Macht über seine Gefühle zurück, indem er konkret nachfragt: „Tut mir sehr leid, wenn du das so empfindest. Das will ich doch gar nicht. Was kann ich tun?" Gleichgültig, wie die Antwort ausfällt – die Wucht des Angriffs ist erst einmal weg und die Attacke wird sich auch nicht so schnell wiederholen.

#7: Nominalisierung: Prozesse veränderbar machen

In der Sprachwissenschaft steht dieser Begriff, der auch Substantivierung genannt wird, für die Veränderung von Verben, Adjektiven oder anderen Wortarten zu Substantiven. In der Kommunikation werden mit dieser Methode Inhalte verzerrt beziehungsweise geklärt. Wenn du die Technik kennst, verbesserst du deine Intuition, um anderen näherzukommen, und machst Prozesse veränderbar. Das klingt jetzt wieder sehr theoretisch. Daher noch einmal ein schönes Beispiel: Deine Freundin, dein Partner oder dein Kollege sagt: „Ich habe in diesem Bereich einfach umfangreiches Wissen." Um näher an den Menschen heranzukommen, hilft dir diese Aussage nicht viel. Deshalb verwandelst du das Substantiv „Wissen" zurück in das Verb „wissen" und fragst nach: „Was genau weißt du?"

Wenn dein Kind dir verrät, dass es Angst hat, wiegelst du es nicht ab („Du musst keine Angst haben"), sondern lässt dir seine Furcht genauer erklären: „Wovor fürchtest du dich im Moment?"

Viele Leute neigen dazu, ihre eigenen Empfindungen hinter unbestimmten Substantiven zu verbergen. Sie sagen „Man denkt dann" oder „Die Leute denken dann", obwohl sie eigentlich meinen „Ich denke dann". Auch hier lohnt es sich nachzufragen: „Wer ist mit ‚man' gemeint? Was denkst du?"

#8: Komplexe Äqivalenz: Zusammenfügen, was nicht zusammengehört

Weil Verallgemeinerungen recht praktisch sind, nutzen wir sie gern. Wir schließen dabei von Einzelerfahrungen aufs große Ganze. Das ist nicht grundsätzlich schlecht. Denn es kann Dinge vereinfachen oder verkürzen. Problematisch wird es erst, wenn wir es übertreiben oder falsch machen. Dann kommt es zur

„komplexen Äquivalenz". Das heißt, wir fügen Dinge zusammen, die gar nicht zusammengehören.

Typische Falle: Du triffst jemanden aus deinem Team morgens am Eingang. Der guckt mürrisch und grüßt dich nicht. Du schließt daraus: „Aha, der Typ mag mich wohl nicht. Das gibt Rache." Der Typ mag dich aber sehr wohl, er war nur nicht aufmerksam. Zwischen seiner Haltung und deiner Person gibt es keinerlei Zusammenhang. Der Prozess nimmt einen destruktiven Lauf, wenn du jetzt einen völlig unnötigen Rachefeldzug anzettelst.

Du siehst: Verallgemeinerungen bergen riesiges Konfliktpotenzial – nicht nur mit anderen. Sie lassen auch Selbstzweifel wachsen und verbauen Chancen.

Die vier Seiten einer Nachricht

Oft musst du gar nicht erst eine verbale Verletzung aussprechen, um die Stimmung zu verderben; es reichen einfache Feststellungen. Das liegt daran, dass jede Nachricht mehrere Seiten hat.

JETZT DU

Von der Theorie in die Praxis: Allein oder mit Hilfe

Puh, das war jetzt eine ganze Menge. Was fängst du mit all diesem Wissen an? Zunächst einmal hilft es dir, deine Aufmerksamkeit zu schulen und Fallen zu entkommen. Das ist ein langer Prozess, der nicht von heute auf morgen klappt, aber machbar ist. Du kannst dir auch einen Coach oder Psychologen suchen, der dir (und idealerweise auch deinem Partner) dabei hilft. Mit einem gemeinsamen Verständnis spricht es sich besser.

Wenn wir etwas sagen, fassen wir oft sehr klein zusammen, was ganz tief in uns steckt. Dort brodeln Emotionen, von denen nur ein winziger Teil herauskommt. Jeder bildet in seinen Aussagen ab, was er erlebt hat. Das heißt aber noch lange nicht, dass der andere das auch genauso versteht.

Dabei handelt es sich um das sogenannte Eisbergmodell, das sich an einem Klassiker erklären lässt. Sie sagt: „Nie bringst du den Müll raus." Das ist die Spitze des Eisbergs, also oberhalb der Wasseroberfläche. Der große Berg unter Wasser kann ganz viel sein: „Ich möchte von dir wertgeschätzt werden – Ich bin so müde von der Hausarbeit – Ich werde hier auf Hausarbeiten reduziert – Ich muss hier alles machen – Du interessierst dich nicht für mich – Du machst nur den Kram, der dir gefällt – Mach mal was für die Familie – Du hältst deine Versprechen nicht – Wann waren wir eigentlich das letzte Mal essen?" Ja, selbst das kann es heißen. Wir Frauen sind einfach komplex.

Die vier Seiten einer Nachricht, Vier-Seiten-Modell, Kommunikationsquadrat oder Vier-Ohren-Modell – egal unter welchem Namen, dieses Kommunikationsmodell gehört zu den bekanntesten in der deutschsprachigen Wissenschaft. Entwickelt hat es der Hamburger Psychologe Friedemann Schulz von Thun. Es zeigt in Form eines bunten Quadrats, dass eine vermeintlich harmlose kurze Info oft auf völlig unterschiedliche Weise wahrgenommen wird. Wenn du dich manchmal fragst, warum du und dein Partner so oft aneinander vorbeiredet, findest du hier eine Antwort. Sehen wir uns das mal anhand einer klassischen Situation genauer an, die dir bestimmt bekannt vorkommt:

Du bist Beifahrer und teilst deinem Partner (oder Schwester, Arbeitskollegen etc.) mit: „Hier darf man nur fünfzig fahren." So weit, so gut. Du bist sicher, dass du sehr sachlich und ohne Wertung auf die Geschwindigkeitsbegrenzung hingewiesen hast. Trotzdem reagiert der Mensch am Steuer neben dir gereizt.

Was ist passiert? Du hast vergessen (oder wusstest es in diesem Moment noch nicht), dass eine Nachricht immer vier Seiten hat.

+ Die **Sachebene** steht für den Inhalt selbst, also in diesem Fall für eine Geschwindigkeitsbegrenzung von 50 Kilometern pro Stunde. Eigentlich nur eine Zahl, doch die kann es in sich haben, wenn du eine Ebene weitergehst.

+ Auf der Ebene der **Selbstoffenbarung** gibst du Informationen über dich preis, wenn du auf das Schild am Straßenrand hinweist: „Ich habe gesehen, dass du hier auf das Tempo achten musst." Das kann nett gemeint sein und auch so ankommen, weil du deinen Chauffeur vor einem Bußgeld bewahren willst. Er kann es aber auch als Kritik auffassen: Du magst seinen Fahrstil nicht, findest, dass er zu schnell fährt, hältst ihn wohl für blind oder zu doof, um allein draufzukommen.

+ Auf der **Beziehungsebene** verrätst du, wie du den Fahrer an deiner Seite einschätzt und wie du zu ihm stehst. Ist euer Verhältnis grundsätzlich gut, fahrt ihr wahrscheinlich gelassen durch die nächste Ortschaft. Ist aber etwas nicht im Lot, rappelt's im Karton. Der Fahrer fühlt sich abgewertet; manche geben sogar aus Trotz für den Hinweis, den sie als Belehrung empfinden, noch mal richtig Gas. „Ich lasse mir doch von dir nicht vorschreiben, wie ich zu fahren habe." Und schlimmstenfalls gipfelt es in einem beleidigten Konter: „Nur weil du fährst wie ein Hase, muss ich noch lange nicht durchs Dorf schleichen."

+ Über **deinen Appell** erfährt der Empfänger, was du von ihm willst. Ob Aufforderung, Bitte oder Hinweis – das kann einiges sein, je nachdem, welche Erfahrungen ihr zusammen gemacht habt. Zum Beispiel: „Bitte fahr langsamer" oder „Brems ab!".

Nonverbale Kommunikation: Wenn Blicke töten

Damit das Vier-Seiten-Modell erfolgreich ist, gewichten Sender und Empfänger die vier Seiten der Nachricht ungefähr gleich. Passiert dies nicht, kommt es schnell zu Problemen. Dem Beifahrer geht es darum, einen Unfall oder ein Bußgeld zu vermeiden; der Fahrer fühlt sich in seiner Ehre gekränkt.

Auch bei diesem Thema gilt: Bleib gelassen. Setz nicht sofort alles um, was du bisher gelesen hast. Es geht nur ums Bewusstmachen. Du kannst nämlich nie allein bestimmen, ob die ganze Sache am Ende gut oder schlecht läuft, also ob der andere das, was du sagst, so aufnimmt, wie du es beabsichtigt hast. Dafür ist Interaktion zwischen uns Menschen zu komplex, oft sogar tagesformabhängig. Erschwerend kommt hinzu: Nicht nur die Wortwahl spielt eine Rolle, sondern auch die nonverbale Kommunikation wie tötende oder liebende Blicke, Betonung, Körperhaltung, Mimik, Gestik, Tonfall und Stimmfärbung. Selbst Gerüche können die Wirkung beeinflussen. Die nonverbale Kommunikation hat so eine starke Wirkung, dass sie den Wert einer Aussage komplett umdrehen kann. Studien zufolge machen Stimme und Körpersprache etwa 90 Prozent der Kommunikation aus. Das heißt nicht, dass Inhalt nicht wichtig ist. Es heißt: Die Verpackung zählt. Wie bei einem Geschenk. Das glaubst du nicht? Mach doch mal einen kleinen Selbstversuch mit dem Satz:

„Hier darf man nur fünfzig fahren."

+ Einmal sagst du ihn so neutral wie möglich mit ruhiger tiefer Stimme.

+ Dann schreist du ihn wütend heraus und setzt deinen Killerblick dazu auf.

+ Danach säuselst du die Worte und verdrehst dabei genervt die Augen.

Du siehst: Trotz der gleichen Worte wirkt der Satz jedes Mal nicht zuletzt aufgrund Mimik, Gestik und Co. anders – wie im richtigen Leben.

Du sendest also auf vier Ebenen oder mit vier Schnäbeln, was ein anderer mit vier Ohren empfängt. Und das passt leider nur selten so richtig zusammen. Konflikte sind einerseits vorprogrammiert – und lassen sich andererseits vermeiden, wenn du und dein Gesprächspartner die vier Seiten einer Nachricht kennen beziehungsweise die Risiken einschätzen könnt. Wer diese Kunst beherrscht, gelangt schneller auf eine konstruktive (Gesprächs-)Ebene.

Männer und Frauen? Das geht doch!

Wahrscheinlich kennst du das Klischee: Männer sind im Gespräch lösungsorientiert sachlich und Frauen wollen Reaktionen mit Emotionen. Wie an vielen Glaubenssätzen ist da auch etwas dran, wie du wahrscheinlich aus eigener Erfahrung weißt. Wenn deine beste Freundin zum Beispiel klagt „Der Arsch hat mich betrogen", will sie nicht sofort Hilfe, sondern erst mal Dampf ablassen. Für sie ist der Weg das Ziel. Sie möchte jetzt hören „Was für ein Schwein!" und dadurch langsam aufarbeiten, was passiert ist. Am liebsten soll's auf niedriger Ebene reingehen („Boah, der ist voll kacke").

Alles gut, prima zum Abreagieren und Zeitgewinnen. Doch wenn du das Kommunikationsverhalten von Männern und Frauen kategorisch trennst oder abwertest („Typisch Kerl, da ist eh nichts zu machen"), schließt du Tore, statt sie zu öffnen. Du schränkst dich selbst in deinen Reaktionsmöglichkeiten ein und reagierst häufig gleich statt flexibel. Also nicht von einzelnen Männern auf „die Männer an sich" oder von einzelnen Frauen auf „Frauen allgemein" schließen.

Ein bisschen was aus dem Leben? Stell dir vor, du möchtest, dass dein Liebster am Wochenende mit dir den Garten aufräumt.

Britts persönliches Beziehungshighlight: Was ich dir schon immer sagen wollte

Mein Mann und ich sind bestimmt kein Krawallpaar, kämpfen aber trotzdem nach mehr als 20 Jahren Ehe gegen die alltäglichen Abnutzungserscheinungen einer langjährigen Beziehung. Da flog mir ein gigantisches Geschenk gerade richtig ins Nest, das mein Schatz mir zum Geburtstag machte. Oh Gott, war das schön! Er hatte auf einer Reise einen Freund getroffen und mit dem überlegt, was in einer langen Ehe noch so richtig glücklich macht. Die beiden kamen auf eine grandiose Idee: Wir würden ein höchst persönliches Gespräch führen – und zwar ein gaaanz richtiges, also nicht nur eine Minute was Nettes sagen und zur Tagesordnung übergehen. Sondern eine Stunde reden nach Regeln.

Zuerst gab's Komplimente über unsere Beziehung als wunderbare Weichmacher. Dabei verließ unsere Tochter das Zimmer („Help, jetzt wird's klebrig"). Wir entwickelten eine Art Plattform, auf der einer sich mitteilen kann, ohne sofort eine Reaktion zu bekommen. Also nicht nur sagt, was toll ist, sondern auch was stört oder womit man nicht zufrieden ist, ohne gleich Kontra zu kriegen. Kein Druck-Gegendruck-Effekt, kein Kampf gegen Windmühlen. Dieses Grundprinzip macht unheimlich viel aus. Es ist total cool, wenn man dem anderen eine echte Chance gibt, das zu sagen, was er sagen möchte. Dann, nur dann fängt man an – das habe ich auch bei mir selbst festgestellt –, wirklich zuzuhören und weicher, ruhiger, selbstreflektierter oder selbstkritischer zu werden. Bestenfalls kann man dem anderen erklären, warum man sich – in guten und in schlechten Dingen – manchmal so verhält, wie man sich eben verhält. Das gilt übrigens nicht nur für Gespräche mit den Liebsten, sondern auch mit Kindern oder Teenagern und immer dann, wenn es um gutes Zuhören geht. Mein Tipp für dich: Wann hat dein Schatz Geburtstag? Hast du schon ein Geschenk? Wenn nicht, nimm diese Seite als Anregung. Es wird sich lohnen!

Er hat aber schon am Donnerstag angekündigt, dass seine Woche total stressig war und er zwei Tage nur chillen möchte. Natürlich könntest du jetzt pampig werden („Typisch Mann! Nie machst du das, was ich will, du bist rücksichtslos, immer muss ich alles allein machen"). Das Ergebnis wird mit großer Wahrscheinlichkeit ernüchternd ausfallen. Dein Partner fühlt sich angegriffen, glaubt, dass er dir sowieso nichts recht machen kann. Vielleicht zahlt er mit gleicher Münze heim. Oder er schweigt und stochert später mit leidendem Gesicht in der Erde herum. Wieder könntest du sagen: „Typisch Mann, jetzt kriegt der noch nicht mal ein gescheites Wort raus." Du kannst das aber auch lassen und dir stattdessen einen Kompromiss überlegen, den du als konkrete Bitte formulierst: „Lass uns den Garten am nächsten Sonntag machen. Da haben wir beide schon freitags frei und können Samstag noch entspannen."

Loben, loben und noch mal loben

Kennst du das Phänomen? Während wir unsere Kinder bei jeder Gelegenheit kräftig loben, damit sie groß werden, stauchen wir unsere Partner leider viel zu oft zusammen, damit sie klein bleiben. Kein Wunder, dass die Wertschätzung bei vielen Paaren mit den Jahren verloren geht. Nach der Phase des Anhimmelns kommt die des Rummeckerns und der Kampfansagen. Uns fällt vor allem auf, was der andere falsch oder nicht macht. Er hat mal wieder den Müll vergessen, die fettige Pfanne stehen lassen, kein Kompliment gemacht, nichts anerkannt und, und, und. Ein freundliches „Ich bewundere, wie du das machst" haut ihn fast um, weil er es ewig nicht mehr gehört hat. Es lohnt sich, wieder damit anzufangen. Denn es kann auch langjährigen Ehen und Partnerschaften ungeahnte Glücksmomente bescheren.

Gute Worte wählen, damit die Liebe bleibt

Träumen wir nicht alle von der lebenslangen Liebe? Von einer tiefen Beziehung, deren Zauber nicht nach dem Honeymoon verfliegt? Die **richtigen Worte** sind eine prima Taktik gegen die alltäglichen Unachtsamkeiten, die verletzen, statt zu heilen. Hier unsere Toptipps:

Akzeptieren, was anders ist

„Du musst dich ändern, damit ich glücklich werde." Wer das verlangt, stellt seinen Partner infrage und das Negative in den Mittelpunkt. Reine Zeitverschwendung. Viel besser: Akzeptier auch Eigenschaften, die nicht deinen eigenen Vorstellungen entsprechen, statt daran herumzunörgeln.

Keine Erpressungen

Sätze aus der Kategorie „Wenn du mich lieben würdest, würdest du ..." sind nicht nur Erpressungen, sondern auch üble Unterstellungen. Sie implizieren, dass die Liebe des anderen falsch ist und er offenbar nur gut genug ist, wenn er tut, was du verlangst. Forget it! Sag deinem Partner lieber angemessen, was du brauchst.

Wissen, was wichtig ist

Der eine liebt sein Hobby, der andere geht voll in seiner Arbeit auf. Das birgt Konfliktpotenzial. Starke Paare respektieren die Leidenschaften des anderen, auch wenn sie im Alltagstrott leicht untergehen. Sie arbeiten im Team daran, dass keiner aus den Augen verliert, was ihm wichtig ist. Idealerweise gibt es auch gemeinsame Hobbys und Interessen – siehe Punkt 9!

Einigen ohne Verletzungen

Macht euch im Konfliktfall auf die Suche nach Lösungen, mit denen ihr beide leben könnt, ohne euch gegenseitig zu verletzen. Niemand möchte beherrscht werden. Kooperation statt Konfrontation, also nicht am Schlechten festbeißen, sondern herausstellen, was wer gut kann, um Probleme zu lösen.

Vorsicht bei der Wortwahl

Zoff lässt sich nicht vermeiden, ist aber auch nicht schlimm, wenn Paare sich dabei nicht grundsätzlich infrage stellen. „Wollen wir das mal anders probieren?" ist viel schöner als „Das kriegst du doch wieder nicht gebacken". Auch unterschiedliche Interessen (einer will lieber einkaufen, der andere wandert gern) lassen sich unter einen Hut bringen, ohne Gräben zu vertiefen (statt „Du immer mit deinem nervigen Einkaufen" heißt es „Heute gehen wir shoppen und morgen in den Wald").

Sachlich reden statt aggressiv auftreten

Schon mal was von passiv-aggressiv gehört? Damit drückst du Ärger zwar ohne Worte aus, tust deinen Liebsten aber trotzdem weh. Du donnerst zum Beispiel die Wäsche in den Schrank, fährst mit dem Staubsauger lautstark gegen die Wand, trödelst oder vergisst absichtlich Dinge, die dich stören – wenn du das bei dir selbst oder bei anderen spürst, sprich es sachlich an. Lass dich nicht provozieren, sondern reg offene Kommunikation an.

Nicht nachtragend sein

Nobody is perfect. Wenn du doch mal Grenzen überschreitest, ist das kein Weltuntergang. Ihr könnt Fehler zugeben, euch entschuldigen oder dem anderen verzeihen, statt lange zu schmollen, euch gegenseitig zu bestrafen oder Verletzungen übel zu nehmen.

Bitte kein Geläster

Zugegeben, wir holen uns gern Verbündete, um uns stärker zu fühlen. In der Partnerschaft ist es aber eine fiese Tour, sich bei den eigenen Familienmitgliedern oder Freunden über die Liebsten zu beschweren oder sich mit intimen Kenntnissen über sie lustig zu machen. Bleib respektvoll und red bei anderen nicht schlecht über deinen Partner oder deine Kinder.

Gemeinsam Ziele erhalten

Am Anfang einer Beziehung hat man meist viele gemeinsame Ziele (Familie, Kinder, Haus und Hof), die stark binden. Sobald die verloren gehen (weil sie zum Beispiel erfüllt wurden), kann Leere entstehen. Zumindest ein Ziel (mehr Zeit miteinander, Reisen, finanzielle Unabhängigkeit, Selbstständigkeit) darf bleiben. Denn worüber wollt ihr euch unterhalten, wenn ihr nur getrennt unterwegs seid?

Immer schön mit Humor

Es gibt auch noch eine andere Basis fürs Glück zu zweit: Humor. Der ist zwar allein kein Garant für Zufriedenheit; wer darüber verfügt, darf aber hoffen. Psychologen stellten fest, dass Paare mit den Jahren zunehmend humorvoller und zärtlicher miteinander werden und sich weniger verbal verletzen. Also lachen statt nörgeln. Das ist sowieso ein gutes Rezept.

Kapitel 8

„Ich muss mal mit Ihnen sprechen!"

•

Feedback ist kein Freibrief
fürs Herunterputzen – wie du
gekonnt damit umgehst

Rückmelden gehört heute zum Geschäft und zieht auch immer weiter ins Privatleben ein. Leider wird aus einem nett gemeinten Hinweis auf Dinge, die nicht optimal laufen, allzu leicht ein persönlicher Angriff oder verletzende Kritik, die niemand mag und jeder deshalb auch nur schlecht annehmen kann. Das ist schade, denn ein konstruktives Feedback ist tatsächlich ein wertvolles Geschenk. Du musst es nur zu geben und nehmen wissen. Wie du Rückmeldungen so hinkriegst, dass sie alle weiterbringen, verraten wir dir im Folgenden.

Erst neulich war das Thema Feedback (leider in seiner destruktiven Variante) Thema bei einem meiner Klienten. Robert, 38 und Bauingenieur in einer neuen Firma, hatte einen Tag frei, kommt zurück ins Büro und findet eine ausgedruckte E-Mail auf seinem Schreibtisch, die er in der Woche zuvor für einen Kunden fertig gemacht hat. Die Teamleiterin hat Tippfehler rot markiert, unglückliche Formulierungen zackig durchgestrichen, ein riesigen „Hä?" danebengeschrieben und verlangt jetzt: „Melde dich in Sachen Feedback." Robert rutscht das Herz in die Hose. Er hofft, dass niemand den Zettel gesehen hat, und schleicht ins Nachbarbüro. Aus dem Augenwinkel sieht er, wie ein paar Kollegen ihre Kopfhörer abnehmen. „Alles klar", denkt Robert, „die wissen Bescheid und wollen jetzt mithören." Tatsächlich bekommen sie etwas geboten. Die Teamleiterin regt sich bei geöffneter Tür lautstark auf („Wie kann man nur so einen Mist verzapfen? Das geht so nicht. Dir fehlt wohl jegliche Empathie. Was hast du eigentlich vorher gemacht? Wie stellst du dir das weiter vor?"). Eine Antwort erwartet sie gar nicht. Stattdessen endet das Feedbackgespräch mit einer Auflage: „Ab sofort schickst du mir jede E-Mail, bevor sie rausgeht."

Robert fand seinen Entwurf bisher nicht schlecht. Tippfehler sind doch nicht schlimm, denkt er, sie passieren jedem und sind in Mails sowieso egal. Hinter das „Hä?" würde er am liebsten auch ein „Hä?" kritzeln. Er ist frustriert und demotiviert. Bisher war er zufrieden mit dem neuen Job, aber jetzt? Am liebsten würde er nie wieder eine E-Mail für diese Firma schreiben. Oder gleich kündigen.

Da ist beim Feedbackgespräch einiges schiefgelaufen. Auch wenn es sich einfach anhört, gelingt Kritik, die einen weiterbringen soll, nicht immer, statistisch gesehen sogar eher selten. Eine Marktforschungsumfrage ergab, dass fast die Hälfte aller Mitarbeiterinnen und Mitarbeiter ohne konkretes Ergebnis aus Feedbackgesprächen herausgehen. Etwa ein Viertel der Befragten fühlt sich ungerecht bewertet.

Gutes Feedback ist mehr wert als Geld

Schade eigentlich. Denn gekonntes Feedback ist tatsächlich ein großartiges Geschenk. Wer diese Kunst beherrscht, kann anderen viel weitergeben und außerdem noch die Qualität des Miteinanders effektiv steigern.

Feedback ist ein wichtiges Führungselement. Gelingen die Gespräche in Sachen Rückmeldung, können sie die Motivation stärken und Frust abbauen. Wissenschaftliche Untersuchungen haben gezeigt, dass Leistungsbereitschaft und Stimmung sich durch positives Feedback sogar stärker verbessern als durch finanzielle Anreize.

Das versteht wohl jeder, der es schon mal erlebt hat. Da lobt dich jemand in den Himmel, sagt dir, wie toll du die Dinge hinkriegst, wie cool du argumentierst, wie großartig deine Ergebnisse sind – und du wächst über dich selbst hinaus.

Außerdem vermitteln positive verbale Rückkopplungen Wertschätzung. Wir erkennen, dass jemand anderes sich mit uns beschäftigt und uns wohlgesonnen ist, wenn er uns mit seiner Analyse über unser Verhalten weiterbringen will. Das Gefühl „Wow, andere sehen, was ich tue. Ich bin niemandem gleichgültig und Teil eines Superteams" ist einfach schön. Gekonnte Rückmeldungen verhindern Missverständnisse und beugen Vorverurteilungen vor. Zu wissen, woran man ist und dass man etwas richtig macht, vermittelt Sicherheit und die wiederum verbessert die Leistung.

Ein weiterer Wow-Effekt: Es gibt auch Dinge, denen man nur mithilfe eines Feedbacks auf die Spur kommen kann. Dazu gehört der sogenannte blinde Fleck. Das ist die wahrgenommene Wirkung auf andere, die jeder von uns hat, aber an sich selbst nicht bemerkt. Um die zu erkennen, brauchen wir Feedback von anderen. Typische blinde Flecken sind zum Beispiel Rechthaberei („Ich weiß es besser"), Konfliktvermeidung („Ich verdrücke mich, wenn's heiß wird") oder übertriebene Lust am Widersprechen („Das Leben ist ein Kampf").

(Negative) Kritik macht klein und niemand mag sie

Doch es ist auch eine Kunst, Feedback anzunehmen. Denn es enthält – wenn es uns weiterbringen soll – meist einen kritischen Kern. Wer gebildet, reflektierend und selbstkritisch agiert und auftritt, sollte daher Offenheit für Rückmeldungen anderer zu seinem Tun signalisieren. Nur so kann man wachsen. Allerdings lautet unser Ratschlag, bei denjenigen Menschen vorsichtig zu sein, die vollmundig verkünden: „Mir dürft ihr alles sagen. Ich kann ein ehrliches Wort gut vertragen. Jeder darf mich kritisieren." Denn meist sind das nur Floskeln, die in der Theorie leicht über die Lippen gehen. In der Praxis aber sieht man Herzen rasend schnell in die Hose rutschen, wenn diese ehrlichen Worte dann tatsächlich auch fallen. Denn seien wir mal ehrlich – es ist nie angenehm, kritisiert zu werden. Kritik macht klein. Zumindest wenn sie falsch formuliert ist beziehungsweise wenn wir sie „falsch" aufnehmen.

Wer kennt das nicht? Schon bei vermeintlich harmlosen Angriffen herrscht meist dicke Luft. Wir erinnern uns noch Jahrzehnte später an Kritik, die auf uns eingeprasselt ist und uns tief verletzt hat, während lobende Worte längst in Vergessenheit geraten sind. Selbst nett gemeinte Anregungen tun manchmal weh. Es liegt in der Natur des Menschen, dass man sich in einer Gemeinschaft gut fühlen und angenommen werden möchte. Könnte die Kritik klagen, würde sie zu Recht von sich sagen: Niemand mag mich.

Das ist ein Jammer, denn gut formuliertes Feedback ist die größte Form der Wertschätzung, die wir jemandem geben können und somit auch selbst bekommen können. Es macht groß, motiviert und beflügelt, sodass wir wachsen.

Ran an die Kunst des Feedbackens: die Sandwich-Technik zum Einstieg

Wir empfehlen erst einmal die sogenannte Sandwich-Technik, die sich vor allem im Umgang mit sensiblen Themen eignet. Das heißt: Eine negative Botschaft wird in Lob verpackt und dadurch angenehmer und gesichtswahrend. Du überlegst dir vor dem Gespräch, was du deinem Gegenüber Gutes und Schlechtes sagen willst. Dann fängst du mit dem Guten an, gehst also positiv ins Gespräch hinein („Das war echt klasse, wie du dein

Team zusammengehalten hast", „Eine Superidee von dir"). Dieses Kompliment lässt du so stehen. Ohne Einschränkungen und mit einer gedanklichen Pause (siehe Kasten rechts). Das ist wie die erste Schicht beim Sandwich – einer von beiden Toasts. Als Nächstes begibst du dich in die Mitte des Doppeldecker-Käsebrotes. Dahin, wo es am leckersten und richtig schön weich ist. An dieser Stelle lassen sich härtere Botschaften am besten schlucken. Jetzt erklärst du, was besser laufen könnte („Wir könnten einen Gedanken noch weiterführen. Der ist mir bisher zu kurz gekommen. Lass uns doch beim nächsten Mal …"). Heraus aus dem „Feedback-Sandwich" geht es dann wieder mit Wertschätzung: „Übrigens fand ich echt gut, wie du letzte Woche …"

Einmal kritisieren, fünfmal loben

Wenn du dich mit der Sandwich-Technik beschäftigst, wirst du im Internet viel Kritik an der Methode finden. Die ist durchaus berechtigt, wenn man es übertreibt. Denn der Tadel in cremigem Käse darf kein blindes Loben um des Lobens willen sein. Dann verpufft seine Wirkung. Es ist ratsam, die Technik im Business sparsam anzuwenden. Wenn du jemandem erst sagst „Du bist toll", um dann nachzuschieben „Deine Rede war scheiße", entwertest du ihn. Empathische Menschen durchschauen das schnell und riechen den Braten schon meilenweit gegen den Wind. Das Lob ist dann nur Verpackung und keine echte Anerkennung. Außerdem drohen Pawlowsche Reflexe: Dein Gegenüber lauert bereits auf den Haken, sobald du etwas Nettes sagst, und hört vor Angst oder Frust kaum noch zu.

Trotzdem gilt: Du darfst einen Menschen in den Himmel loben und musst nicht krampfhaft etwas Unangenehmes nachschieben, damit der andere nicht abhebt. Genauso darfst du

Der Trick mit der Stimme:
Nach dem positiven Teil abschließen

Beim Feedbackgeben geht es nicht nur um die Inhalte. Auch Betonung und Stimme spielen eine Rolle. Der Trick besteht darin, dass du beides bewusst einsetzt. Geh mit der Stimme herunter, wenn du den positiven Teil abgeschlossen hast. Wenn du stattdessen mit der Betonung hochgehst und das obligatorische „Aber" gleich anschließt, lädst du dein Gegenüber direkt zum vorauseilenden Gehorsam ein. „Ja, aber …" Was aber?

Probier es mal aus. Du sagst:

„Das haben Sie wirklich gut gemacht (Stimme bleibt oben), aber …"
„Das haben Sie wirklich gut gemacht (Stimme geht herunter).
Ich hätte da noch eine Idee."

✚ Du merkst den kleinen, aber feinen Unterschied. Bei der ersten Reaktion nimmt der Feedbackempfänger das Lob kaum wahr, weil er gedanklich schon im „Aber" ist, obwohl du es noch gar nicht ausgesprochen hast. Beim zweiten Ansatz bleibt Raum zum Genießen. Der „Aber"-Teil fällt kaum noch ins Gewicht und geht trotzdem nicht komplett unter. Das Feedback ist gelungen.

✚ Trick 17 zur Selbstrettung: Wenn du dich damit schwertust und versehentlich mit der Stimme hochgegangen bist, obwohl du das gar nicht wolltest, gibt es noch eine Rettung auf den letzten Drücker: Du ersetzt das geplante „Aber" in letzter Sekunde mit einem „und".
Hier ein Beispiel aus dem Joballtag: „Das haben Sie wirklich gut gemacht *(Stimme bleibt aus Versehen oben)*, und ich hätte da noch einen kleinen Verbesserungsvorschlag." So hast du die Idee des anderen ergänzt, aber das Lob nicht eingeschränkt.

sagen, was dir nicht gefällt, ohne immer Zuckerguss daraufzustreichen, damit der andere nicht untergeht. Lob und Tadel müssen nicht in der gleichen Reihenfolge und zum gleichen Zeitpunkt raus, aber es muss beides geben. Das Gute sollte den sehr viel größeren Teil ausmachen, weil Negatives immer schwerer wiegt.

Das ist wissenschaftlich belegt. Zu den großen Geheimnissen einer glücklichen Beziehung gehört den Erkenntnissen des US-amerikanischen Psychologen John Gottmann zufolge die 5:1-Regel: Wer einmal kritisiert, sollte danach fünfmal loben. Wenn in einer Ehe fünfmal so viel Positives wie Negatives gesagt wird, dann hat die Beziehung demnach mit 90-prozentiger Wahrscheinlichkeit Bestand. Fünf Komplimente und Nettigkeiten ersetzen ein „Warum ist der Tank vom Volvo denn schon wieder leer?". Gottmanns Forschungen mit Paaren zeigten, dass Beziehungen, bei denen das Verhältnis niedriger war, eher scheiterten. Am schlechtesten schnitten Ehepartner ab, die sich gleich viel gegenseitig lobten und anmeckerten oder weniger lobten als kritisierten.

Wahrnehmung, Wirkung, Wunsch

Eine andere sehr wirksame Technik für gekonntes Feedback ist die Drei-W-Regel. Dahinter steckt der Dreiklang Wahrnehmung, Wirkung und Wunsch. Und so funktioniert die Technik:

1: Was hast du wahrgenommen?

Das erste W steht für Wahrnehmung. Dabei geht es darum, zu schildern, was konkret aus deiner Sicht passiert ist. Das sollte möglichst wertfrei geschehen. Du musst also gar nicht lange nachdenken, wie du deine Botschaft am besten rüberbringst, wenn du zum Einstieg einfach erzählst, was du siehst oder gesehen hast. Du kannst zum Beispiel sagen: „Ich habe vorhin zufällig gesehen, dass du Papier in die Restmülltonne geworfen hast."

Wenn du merkst, dass dein Gegenüber gereizt reagiert, kannst du deine Worte auch noch ein bisschen absoften, indem du dich vergewisserst: „Oder habe ich das falsch gesehen?"

Belass es im ersten Schritt bei der Feststellung – auch wenn dir viele andere Varianten einfallen, deren Wirkung vielleicht schärfer wäre. Dazu gehören alle Formen von unterschwelligen Vorwürfen: „Von Mülltrennung hast du wohl keine Ahnung? Mensch, denk doch auch mal an die Umwelt! Wo hast du den Quatsch denn gelernt? Siehst du eigentlich, was du da tust?" All das kannst du dir getrost sparen. Du erreichst dein Ziel nämlich auch, ohne mit Kanonen auf Spatzen zu schießen. Stattdessen gehst du elegant ins nächste W, das W für Wirkung.

2: Wie wirkt das auf dich?

In diesem Schritt darfst du über dich selbst sprechen und erläutern, wie das, was du beobachtet hast, auf dich wirkt. Auch dabei solltest du dich vor unnötigen Angriffen („Ich finde es blöd, dass du das machst. Ich hasse diese Form von Rücksichtslosigkeit") hüten. Formulier deinen Wunsch lieber positiv: „Ich finde es gut, wenn wir hier alle den Müll richtig trennen. Das ist aus meiner Sicht kein großer Akt, sondern ein wichtiger Beitrag zum Umweltschutz. Wäre doch schade, wenn wir das nicht gemeinsam hinkriegen."

Um die Reaktion zu testen, kannst du mithilfe einer Rückkopplung nachfragen: „Verstehst du, worum es mir geht?"

3: Was wünschst du dir?

Nun formulierst du dein Ziel, also das, was aus deiner Sicht optimal wäre. In diesem Fall ist es das Verhalten bei der Mülltrennung: „Ich möchte dich bitten, mitzumachen und dich in Zukunft an die Regeln zu halten." Wenn dir das zu belehrend erscheint oder wenn du kurz danach merkst, dass dein Gegenüber weiterhin Papier zwischen Essensreste wirft, kannst du den Mülltrennverweigerer auch miteinbeziehen: „Was müsste passieren, damit du das so machst wie alle anderen?"

Der Tank und die Wut

Vor allem im Privaten neigen wir zu Bewertungen und haben manchmal sogar richtig Lust, uns auszukotzen. Vielleicht kennst du das: Du hast es eilig, bist wieder mal auf den letzten Drücker und kommst garantiert zu spät, wenn dir auch nur eine rote Ampel in die Quere kommt. Du springst ins Auto, schnallst dich an und erkennst messerscharf: Der Tank ist so gut wie leer. Dein Partner, deine Partnerin, deine erwachsenen Kinder, deine Mitbewohner oder andere übliche Verdächtige sind mal wieder in die Garage gerollt, ohne auch nur eine Sekunde an dich zu denken. Du könntest explodieren vor Wut – den Tankentleerern gnade Gott! Die Emotionen müssen raus. Du suchst sofort nach den Schuldigen: „Ich finde es scheiße, das nervt mich tierisch. Das ist ja nicht das erste Mal, dass du…"

Dein Gegenüber bleibt cool: „Ups, habe ich vergessen." Das provoziert dich zu weiteren Beschimpfungen, die aber auch so gut wie ungehört abprallen. „Komm mal runter, verschieb den Termin um 10 Minuten und fahr tanken", lässt der Beschimpfte dich wissen und trollt sich davon. Jetzt bist du doppelt sauer, denn du bist nicht nur zu spät und fühlst dich düpiert, sondern hast auch nichts erreicht. Wie wäre es besser gelaufen, wenn du die Drei-W-Regel angewendet hättest?

Du teilst deine Wahrnehmung mit: Ich habe einen wichtigen Termin und muss schnell los. Der Autotank ist leer.
Die Wirkung auf dich: Das ärgert mich. Wir haben die Abmachung, dass jeder tankt, wenn das Benzin zur Neige geht.
Dein Wunsch: Bitte lass uns an unsere Abmachung halten. Ab 10 Liter Rest tanken wir.

Ein anderes Beispiel aus dem Business:
Wahrnehmung: Katja, ich habe dir vor zwei Stunden als Auftrag die Dokumente zum Schredddern gegeben. Jetzt liegen die Blätter immer noch alle auf dem Tisch.
Wirkung: Das erstaunt mich. Wir haben uns doch drauf geeinigt, dass du es gleich machst.
Frage: Wie kommt es?
Wunsch: Wenn wir was abmachen – halt dich bitte dran und erledige es sofort.

Nobody is perfect

Britt: Kleiner Trost, wenn dir das nicht auf Anhieb gelingt: Du bist nicht allein. Selbst mir ist es gerade wieder passiert. Zu Hause die übliche Hektik am Morgen. Unter Hochdruck Schulkram und Sohn sammeln. Mein Mann bleibt noch im Bett. Ich versuche, Buddha zu spielen. „Ja, entspann ruhig noch ein wenig. Ich nehme dir das gar nicht übel." Ich habe im Kopf, dass Gezeter niemanden weiterbringt. Doch ganz tief in mir grummelt mein zweites Ich. Bin ich wirklich die Güte in Person? Egal, habe eh keine Zeit zum Nachdenken. Im Schweinsgalopp zum Auto – und dann ist der Tank leer. Es reicht nicht mal mehr zur Tankstelle. Ich bin stinksauer, scheiß auf die Theorie, renne ins Schlafzimmer und brülle: „Es kotzt mich an!"

Ein Fall für Coach Sabine:
Wie ein Feedback Wunder wirkt

Ich hatte mal eine Klientin, die im Vertrieb arbeitete und lernen wollte, mit ihren Kunden besser zu kommunizieren. Wir gingen gemeinsam zu einem ihrer Kunden, den sie schon 15 Jahre kannte. Sie mochte ihn. Er war freundlich, ein Mittvierziger aus der Kategorie Gewinnertyp, humorvoll und charmant, wie sie es mir erzählte. Offenbar eignete er sich für ein Training. Meine Klientin war selbstsicher, erfolgreich in ihrem Job und ließ sich so schnell von niemandem etwas sagen. Lange schwarze Haare, eine feste tiefe Stimme, 1,82 groß – sie war eine Erscheinung. Nun trat sie dem Kunden mit mir im Schlepptau gegenüber. Wir erwarteten keine Überraschungen, sondern ein ganz solides Verkaufsgespräch. Doch irgendetwas stimmte nicht. Der Mann war ganz anders als sonst.

Er lehnte sich zurück, musterte uns abschätzig, krempelte erst einmal die Ärmel hoch, um seine Rolex zu zeigen, und genoss sichtlich seine Macht. Heute hatte er wohl kein Interesse an den Produkten, die meine Klientin ihm

vorstellen wollte, ließ sich aber zu einer Veranstaltung einladen. Schon im ersten Satz unterbrach er sie. Die Location sei nicht gut, so etwas müsse man ganz anders aufziehen, sie hätte ja wohl keine Ahnung und so weiter. Meine Klientin saß vor einem eigentlich netten Typen, der sich plötzlich wie ein Kotzbrocken aufführte, und fühlte sich um 30 Zentimeter geschrumpft.

Wie gebügelt verließen wir sein Büro und setzten uns erst einmal in ein Café, um ganz tief durchzuatmen. Was war da gerade passiert? Hatte der Kerl einfach einen schlechten Tag? Gab er sich anders als sonst, weil ich dabei war? Störte ihn etwas, von dem wir nichts ahnten? Es brachte nichts, darüber zu spekulieren. Stattdessen beschlossen wir, erst einmal die Emotionen aus der Sache herauszunehmen, und entschieden uns, ein Feedback nach allen Regeln der Kunst zu erstellen. Damit sollte meine Klientin wieder auf Augenhöhe mit dem Kunden kommen. Das Gute am Feedbackgeben ist nämlich, dass es nicht sofort geschehen muss.

Wir gingen bei der Analyse nach der Drei-W-Regel vor:

✚ **Wahrnehmung:** „Lieber Herr X, Sie erinnern sich bestimmt noch an meinen letzten Besuch. Sie wollten mir eine andere Location vorschlagen – und taten das in einem Tonfall, den ich gar nicht von Ihnen kenne. Sonst erlebe ich Sie stets begeistert und kooperativ; diesmal war Ihnen keine Location recht. Sie waren kurz angebunden, Ihr Lächeln war ganz weg."

✚ **Wirkung:** „Das hat auf mich arrogant und herablassend gewirkt. Ich war verwirrt, weil ich Sie anders kenne, und das nicht der Ton ist, den ich mit meinen Kunden pflege."

Tipp: Hier ist es wichtig, in Ich-Botschaften ohne Anschuldigungen zu sprechen. Also nicht zu sagen: „Sie sind arrogant" oder „Sie regen mich auf", sondern „Sie wirken auf mich arrogant" und „Ich habe mich aufgeregt".

✚ **Wunsch:** „Ich wünsche mir, dass wir zu unseren alten, bewährten Umgangsformen zurückkehren und respektvoll miteinander umgehen – so, wie wir es bisher immer getan haben."

Meine Klientin und ich waren gespannt. Würde er toben, sie beschimpfen oder – noch schlimmer – sie rausschmeißen? Sie rechnete mit allem – nur nicht mit seiner Reaktion. Nach ihrem nächsten Besuch rief sie mich an: „Du glaubst es nicht. Der hat sich bei mir entschuldigt." Der Kunde hatte tatsächlich zugehört, war konsterniert, glaubte gar nicht so richtig, dass er so wirkte. Sein Auftritt tat ihm sehr leid. Danach wurden die Kundenbesuche wieder angenehme Veranstaltungen für meine Klientin.

Unsere Regeln für ein gutes Feedback

Wenn du das nächste Mal ein Feedback geben musst (oder darfst), solltest du vorbereitet sein. Hier haben wir dir ein paar Regeln zusammengestellt, die dir weiterhelfen können:

1: Wähl den richtigen Zeitpunkt

Gib möglichst kein spontanes Feedback zwischen Tür und Angel (außer du explodierst vor Freude und musst deine überbordenden Gefühle loswerden). Ansonsten gilt: Bereite dich auf ein Feedbackgespräch gründlich vor, plan genügend Zeit ein. Such einen Raum, in dem das Gespräch ungestört stattfinden kann. Das persönliche Jahresgespräch im Job kann von langer Hand geplant werden. Bei kleineren Aktionen solltest du aber nicht zu lange warten. Ein Feedback ist kein Staatsakt. Natürlich ist es gut, wenn du nicht unbedacht lospolterst und alles auswirfst, was dir durch den Kopf geht. Ein bisschen Zeit zum Nachdenken sollte sein, aber mit einem Hinweis auf die in der Abteilung übliche Form von Mülltrennung musst du nicht drei Wochen später kommen.

2: Starte freundlich, bleib sachlich

„Können wir bitte kurz sprechen?" oder „Ich würde gerne mal mit dir reden" sind gute Einleitungen, wenn sie ohne Empörung, Druck oder Aufregung ausgesprochen werden. Wenn du das Problem genauso freundlich auf den Tisch bringst, eröffnest du deinem Gegenüber gleich die Chance, eventuelle Schwächen zuzugeben, statt in die Verteidigung zu gehen. Am Ende kannst du dein Gegenüber bitten, selbst einen Vorschlag zu machen, um das Problem zu lösen („Was brauchst du, damit es in Zukunft besser klappt?").

3: Mach kein großes Brimborium

Nicht alles, was im Fernsehen oder auf der Theaterbühne funktioniert, solltest du fürs Real Life adaptieren: Mit Verschwörermiene hereinbitten und dann theatralisch sämtliche Türen und Fenster schließen, um mit tiefen Seufzern, hochgezogener Augenbraue und Katastrophenrhetorik auf kleinen Ungenauigkeiten herumzuhacken, macht nur unnötig Angst. Sprich dein Feedback in normalem Tonfall – wie du sonst auch sprichst.

4: Werde konkret

Überleg dir vor jedem Feedback, wie du es so konkret wie möglich formulieren kannst. Wenn du zum Beispiel beobachtet hast, dass jemand unsicher wirkt, sagst du nicht „Du bist ja unsicher, werde mal sicherer", sondern gibst wieder, was du siehst: „Du zupfst dir oft an den Haaren, wackelst mit den Beinen oder vermeidest Blickkontakt. Das wirkt auf mich unsicher." Das sind Dinge, die dein Gegenüber ändern kann, wenn sie oder er sie weiß.

5: Achte auf die Hierarchieebenen

Ob du ein Team leitest oder ein Teil davon bist, macht einen großen Unterschied. Im beruflichen Umfeld ist es entscheidend, dass du die Hierarchieebenen einhältst und dich sicher auf ihnen bewegst.

Bedenk, dass ein Feedback auf Augenhöhe nicht immer möglich ist. Im Verhältnis Chef oder Chefin zu Mitarbeitern ist die Gleichstellung nicht unbedingt das Ziel. Klar ist es erfreulich, wenn niemand von oben herab abschätzig auf Fehler hinweist, doch die Devise „Ich bestimme, was du machst" ist in hierarchischen Business-Strukturen noch tief verwurzelt. Und sie funktioniert auch, solange unterstellte Mitarbeiter dadurch weiterkommen und nicht vor Angst erstarren. Im Privaten wird's hingegen toxisch, wenn einer von anderen Gehorsam verlangt oder bestimmt, was der andere zu tun hat.

Und nicht zu vergessen: Es existieren auch Fälle, in denen es nichts Positives zu sagen gibt. Da sollte man auch nichts an den Haaren herbeiziehen und um den heißen Brei herumreden, sondern Klartext sprechen.

Britt, unsere Praktikantin weint

Als Talkmasterin war ich der Kopf in einem jungen Team, fühlte mich aber keineswegs als Chefin. Wir kamen alle relativ frisch von der Uni, lebten in WGs, duzten uns und sprachen in flapsigem Ton miteinander. Als etwas schieflief, sagte ich zu einer Praktikantin: „Boah, Claudia, was war denn das für ein Scheiß?" – so als hätte sie in der WG-Küche die Nudeln anbrennen lassen. Ich fand nichts dabei. In ihrer Wahrnehmung war das aber ganz anders. Denn für sie war das Chefin-Praktikantin-Verhältnis enorm wichtig. Wenig später nahm mich jemand zur Seite: „Britt, unsere Praktikantin weint." Huch? Ich fiel fast tot um. Was hatte ich da bloß angerichtet? Ich wollte sie gar nicht schlecht behandeln. Im Gegenteil: Ich hatte sie auf Augenhöhe gesehen und deshalb einen (aus meiner Sicht) entsprechenden kumpelhaften Ton angeschlagen. Ich entschuldigte mich.

6: Teil dein Expertenwissen

Während es sonst beim Feedbackgeben gut ist, den anderen in eine Entscheidung miteinzubeziehen und ihn selbst Vorschläge machen zu lassen, gilt das nicht, wenn es darum geht, etwas zu lernen. Hier helfen praktische Anleitungen weiter. Wenn du beispielsweise Expertin oder Experte für Stimmbildung bist und jemandem sagen möchtest, dass seine Stimme besser klingen könnte, hilft es nicht, ihn nach dem Versuch-und-Irrtum-Prinzip herumprobieren zu lassen, bis er selbst eine Lösung findet. Die Mühe kannst du ihm ersparen, indem du gleich verrätst, wie es besser geht: „Sprich doppelt so laut. Mach nach jedem Satz eine Pause."

7: Verschenk dein Feedback in kleinen Päckchen

Wie so oft im Leben gilt auch beim Rückmelden: Übertreib es nicht. Selbst wenn du es gut meinst und nach der Lektüre nun weißt, wie es richtig geht, musst du nicht um jeden Pups einen Riesenwind machen. Bündele deine Themen und präsentier sie in kleinen Portionen beziehungsweise als Geschenk in kleinen Päckchen. Denn du darfst die Geduld deiner Mitmenschen nicht allzu sehr strapazieren. Du kannst eine Blumenvase auch schnell selbst gerade rücken, wenn sie aus deiner Sicht schlecht platziert ist, und musst dafür keine Feedbackrunde einberufen. Bewahr dir dieses Zauberinstrument lieber für wichtige Themen.

Zwischen Ich- und Adlerperspektive

Geht es um komplizierte und vielschichtige Feedbacks, musst du dir Zeit nehmen. Um Konflikte besser zu verstehen und ein Problem erst einmal für dich selbst zu beleuchten, solltest du dich möglichst umfassend in eine Situation hineinversetzen und gleichzeitig Abstand dazu gewinnen können. Auch dafür gibt's Werkzeuge: das Assoziieren und das Dissoziieren. Damit kannst du dich selbst kontrollieren und deinen Umgang mit anderen verbessern.

Wenn du innerlich tobst, weil du dich über etwas ärgerst, von etwas restlos begeistert bist oder dich überwältigt fühlst, bist du emotional stark involviert, wie es so schön heißt. Du steckst in der assoziierten Perspektive, die auch als Ich-Perspektive bezeichnet wird. Du bist mittendrin, deine Gefühle fahren Achterbahn (im Guten wie im Schlechten) und du hast den Blick nicht mehr frei für eine andere Sicht auf die Dinge. Dafür musst du in die sogenannte dissoziierte Position kommen. Also etwas rational wie von außen oder von oben betrachten. Man nennt das Beobachter- oder Adlerperspektive. Wenn du dich dabei anguckst, wirst du merken, dass du – wie die meisten anderen Menschen – in unterschiedlichen Situationen mal die eine, mal die andere und mal beide Perspektiven wahrnimmst.

Jede Perspektive hat ihre Vor- und Nachteile. Steckst du emotional tief drin, hilft dein Bauchgefühl dir, leidenschaftlich und begeisterungsfähig zu bleiben. Bestenfalls ziehst du andere mit und kannst sie von deinen Ideen überzeugen. Das hat aber seinen Preis: Dir fehlt der Überblick. Du filterst heraus, was unbequem ist, lässt Dinge vielleicht ohne Not eskalieren und bereust das später.

Wenn du strategisch vorgehst, wirkst du kontrolliert, eventuell kühl und leidenschaftslos. Andere nennen dich verkopft oder herzlos, aber du machst in hitzigen Fällen weniger Fehler. Wenn du mitdenkst, sind andere beruhigt.

Die Axt im Wald

Seien wir ehrlich: Manche Menschen nutzen die Möglichkeit zum Feedback auch nur, um mal Dampf abzulassen. Selbst wenn es niemand gern zugibt: Manchmal möchten wir andere verletzen und wie mit der Axt im Wald um uns schlagen. Es bereitet

Von oben ist es nicht so schlimm

Wenn du ein Feedback gibst oder bekommst, kann es helfen, die Situation besser einzuschätzen, wenn du sowohl die assoziierte als auch die dissoziierte Perspektive nutzt. Das kannst du mit folgender Übung trainieren:

+ Die **assoziierte Perspektive** lässt sich verstärken, indem du dir das Passierte wie eine Erinnerung in der Ich-Form erzählst. „Ich stand da ganz allein vor einem großen Publikum, und plötzlich ging das Licht aus." Dabei lehnst du dich etwas nach vorne und lässt das Geschehene Revue passieren, bis die unangenehmen Gefühle wieder hochkommen.

+ Um die **dissoziierte Perspektive** zu trainieren, lehnst du dich zurück, nimmst also symbolisch Abstand von der Situation. Du berichtest jetzt von einer dritten Person oder rutschst ins unpersönliche *man*. „Da steht man dann allein vor einem großen Publikum und plötzlich ..." Stell dir vor, du kreist wie ein Adler über dem Menschen, der unten steht. Auf einmal ist das, was dort passiert, gar nicht mehr so schlimm. Da steht einer im Dunkeln, okay, aber gleich wird das Licht wieder angehen. Der Schmerz lässt nach.

möglicherweise Lust oder befriedigt Rachegelüste, dem anderen etwas um die Ohren zu hauen, bis der nur noch einen Gedanken hat: „Oh Gott, ich muss hier weg." Dabei geht es dann nicht mehr um Verbesserungen, sondern nur noch um die eigene Wut.

Wer das tut, muss die Konsequenzen einpreisen. Wenn ein Feedback in Fundamentalkritik ausartet, kann es wie ein Bumerang zurückkommen („Warte nur, bis ich als Feedbackgeber dran

Wenn wir Feedback hören, wo keines ist

Haben wir unsere Ohren auf Empfang gestellt, hören wir manchmal Dinge, die uns verletzen, ohne dass jemand das vorhatte. Neben ungebetenen Ratschlägen können das auch Mini-Feedbacks sein, die aus Gedankenlosigkeit abgeschossen werden und nicht mehr als Floskeln sind. Sie treffen meist Menschen, die ohnehin an sich zweifeln und große Sorge haben, irgendetwas falsch zu machen – wie beispielsweise Mütter. Da muss nur jemand im Moment der Verzweiflung (du stehst im Supermarkt und dein Baby brüllt wie am Spieß) einen Satz loslassen wie: „Oh, hat der Kleine Hunger?" Das heißt dann in der Übersetzung für eine verunsicherte Mutter: „Merkst du nicht, dass dein Kind etwas zu essen braucht?" Auch Rückmeldungen aus der Schule können den empfindlichen Feedbacknerv treffen. Da schreibt die Lehrerin per Whatsapp: „Max hat sein Matheblatt vergessen" und die verunsicherte Mutter liest etwas ganz anderes, als da steht. Nämlich: „Kümmere dich gefälligst besser um dein Kind!"

Im Job sind wir ebenfalls nicht vor der Selbstbezugsfalle gefeit. Eine gut gemeinte Rundmail mahnt zur Eile, weil die Deadline für ein Projekt naht, und schon bekommen einige der Empfänger Schnappatmung: „Was soll das denn jetzt heißen? Ich tue doch schon die ganze Zeit, was ich kann. Da brauche ich niemanden, der mich daran erinnert. Will mir etwa jemand sagen, dass ich zu langsam bin? Oh verdammt, ich kann nicht schneller." Die Motivation sinkt in den Keller.

Wie kommt man daraus heraus? Horch aufmerksam in dich hinein. Wo reagierst du besonders empfindlich? Meist sind das Punkte, bei denen du unsicher bist. Die lassen sich in der Regel eher auf dich selbst als auf andere zurückführen. Wenn sich etwas schlecht anfühlt, solltest du in die Analyse gehen und versuchen, dich in die Sicht des anderen zu versetzen. Hat er das echt als Attacke gemeint? War es nur aus Verlegenheit dahingesagt? Meist nimmt das den vermeintlichen Angriffen die Wucht.

bin, dann kriegst du alles zurück"). Überleg dir daher gut, ob du Feedbacks als fiese Waffe einsetzen willst. Denn du musst auch mit Gegenrückmeldungen rechnen – außer du bist Alleinherrscher.

Ungerechtes Feedback? So konterst du cool

Leider sind nur wenige Menschen wirklich gute Feebackgeber. Manchmal muss man Ungerechtes, Unangemessenes oder sogar Unverschämtes hören, das in erster Linie verletzen will. Auch wenn das heute im Business eigentlich nichts mehr zu suchen hat, kommt es noch vor – und tut weh. Das heißt aber nicht, dass du es einfach schlucken musst. Vor dir selbst kannst du am besten bestehen, indem du es nicht persönlich nimmst. Das ist zwar leichter gesagt als getan, hilft dir aber, erst einmal herunterzukommen und nicht mit den gleichen Waffen zurückzuschlagen, mit denen du angegriffen wurdest. Damit stehst du schon über dem schlechten Feedbackgeber.

Wenn du cool genug bist, gehst du über persönliche Beleidigungen einfach hinweg, denkst dir deinen Teil und machst weiter wie bisher. Das spart Energie und Lebenszeit. Ebenfalls hilfreich: Du suchst nach Gründen für die unverschämten Rückmeldungen, die nicht bei dir liegen. Ist da jemand neidisch? Braucht er jemanden zum Treten, um sich selbst zu erhöhen?

Meide lange Verteidigungen oder Gegenangriffe, wenn es ohnehin nur um Verletzungen geht. Damit schaukelt sich das Ganze nur hoch. Mit einem lässigen „Lass uns bitte sachlich bleiben" lenkst du auf die Sachebene zurück. Handelt es sich um die Inhalte, musst du nichts auf dir sitzen lassen, was nicht stimmt. Frag genau nach: „Warum wirfst du mir das vor?" oder stell klar: „Die Zahlen sind so nicht richtig."

Feedback gekonnt einleiten

Beim Rückmelden kommt es auf die richtigen Worte an. Leider neigen wir dazu, im Sturm der Gefühle unfair oder verletzend zu werden. Halt dich an die **Drei-W-Regel**, indem du deine Wahrnehmung, die Wirkung und deinen Wunsch formulierst. Meide pauschale Angriffe, sondern erzähl, wie du dich in dieser Situation fühlst.

Don'ts: verbale Angriffe

- Du bist doof.
- Du nervst mich.
- Du störst mich.
- Du bist arrogant.
- Du bist scheiße.
- Wie kann man nur so dumm sein wie du?

Auch wenn du aus der Ich-Perspektive berichtest, musst du auf deine Worte achten. Meide deshalb ebenfalls harte Worte wie:

- Ich finde es bekloppt, dass du ...
- Ich hasse es, wenn du ...

Dos: So ist es besser

- Das irritiert mich.

- Das verwirrt mich.

- Ich kenne das sonst ganz anders.

- Das macht mich traurig.

- Mir geht's damit schlecht.

- In dieser Situation fühlte ich mich nicht gut.

- Wollen wir zusammen überlegen, wie wir ...

- Was schlägst du vor, damit wir das Problem lösen?

Wenn du ungerecht angegriffen wirst:

- Lass uns bitte sachlich bleiben.

- Lass uns bitte die Emotionen außen vor lassen.

Kapitel 9

Jetzt ~~schreit~~ spricht Mama

Warum du besser mit deinen
Kids klarkommst, wenn du deine
Worte achtsam wählst

*Sanft säuseln, logisch argumentieren, aus der Küche um die Ecke
brüllen oder knallhart verhandeln – dann macht dein Kind
auch immer, was du möchtest? Äh, nein. Es ist ewig dünnes Eis,
auf dem wir unsere Kommunikationspirouetten mit den Kids
drehen. Try and noch mehr error. Was heute klappt, ist morgen
schon wieder für die Tonne. Trotzdem glauben wir, dass
selbst Kinder, die ihre Ohren überwiegend auf Durchzug stellen,
mit angemessenen Worten ansprechbar sind.*

Alltag. Mama und zwei Kinder müssen morgens los. Die Schule fängt nun mal pünktlich an. „Packt schon mal eure Brotdosen ein", lautet das erste Kommando, das ungehört bleibt. Der eine baut noch am Legohaus, die andere trödelt im Bad herum. „Jetzt räum die Legosteine weg, wir müssen gleich los", empört sich Mama und fragt nebenbei: „Habt ihr schon die Schuhe an?" Auch diese Sätze verhallen irgendwo im Nirgendwo. „Hallooooo, ich habe euch was gefragt?" – keine Reaktion. „Zieht euch jetzt bitte aaaaaahan!", brüllt eine Frauenstimme aus der Küche. Doch auch diese Schreie verpuffen. „Bitte" hat noch nie funktioniert. Muss ich jetzt ausrasten? Toben? Heulen? Lauter schimpfen oder besser flüstern?

Manchmal sind wir einfach sprachlos

Wer Kinder hat, kennt das alltägliche Chaos und fragt sich: Verdammt noch mal, wie redet man eigentlich mit Kindern, damit überhaupt etwas passiert? „Keine Sorge, wenn das Kind erst mal da ist, weißt du als Mutter intuitiv, was du zu tun hast", sagen einige. Wir, selbst Mütter von insgesamt vier Kindern, haben aber mittlerweile erkannt: Nö, da kam nichts automatisch. Und ehrlicherweise wissen wir auch bis heute nie genau, was schlau ist. Es ist eher ein Herumprobieren. Wir machen es mal so und mal so und finden auf diese Weise langsam heraus, was besser und was schlechter funktioniert. Wir bewegen uns zwischen Ohhhhmm, Ausatmen durch den Uterus und einem superklaren „Genau so redest du nicht mit mir", um das Kräfteverhältnis zwischen Groß und Klein deutlich zu machen.

Manchmal sind wir dabei selbst sprachlos. Sabine: Wir saßen zum Beispiel kürzlich im Gasthaus. Unser siebenjähriger Sohn nahm das Messer neben dem Teller und kratzte damit auf dem Tisch herum. „Leg das Messer weg", sagte mein Mann streng, „das ist doch nicht dein Tisch." Das Kind guckte seinen Papa an, setzte sein schlaues Gesichtchen auf und sagte: „Es ist auch nicht dein Tisch." Puff. Eins zu null. Mein ansonsten äußerst schlagfertiger Mann war definitiv sprachlos. War das jetzt zu frech? Unverschämt? Genial schlagfertig? Sollten wir unseren Sohn schimpfen oder laut loslachen? Wir schwankten zwischen Wut und Bewunderung. Wir wussten es nicht. Er hörte immerhin auf mit der Ritzerei, hatte offenbar verstanden, worum es ging.

Erwachsene sind die „Bestimmer"

Kommunikation mit Kindern? Dabei steht viel auf dem Spiel. Das, was jeden Tag zwischen Tür und Angel läuft, prägt schließlich fürs Leben. Die Art, wie Eltern untereinander und mit ihrem Nachwuchs reden, hat Folgen fürs Selbstwertgefühl. Es sagt etwas aus über Respekt und Liebe – eigentlich nicht anders als zwischen Erwachsenen, doch es gibt einen wichtigen Unterschied: Eltern und Kinder sind nicht gleichberechtigt. Und das macht die Sache schwierig. Die Beziehungsebene spielt immer mit hinein. Erwachsene beziehungsweise Eltern sind nun mal die „Bestimmer" und ihre Kinder müssen sich danach richten. Doch auch wenn es oft zum Explodieren ist, kann es gut funktionieren, ohne dass die Großen ihre Macht missbrauchen. Ein paar Grundsätze helfen. Denn kein Kind will seine Eltern wirklich ärgern, auch wenn es sie manchmal zur Weißglut treibt. Es will – wie wir alle – in erster Linie geliebt und respektiert werden.

1: Schaff Raum für echte Gespräche

„Mach mal zackig, die Zeit rennt, wir müssen los, jetzt komm doch endlich!" Weil es in Haushalten mit Kindern oft drunter und drüber geht, bleibt im hektischen Alltag wenig Zeit für tiefere Gespräche. Dafür braucht es feste Rituale, bestenfalls gemeinsame Mahlzeiten. Leider wird dein Kind nie sagen „Schön, liebe Mama, dass du jeden Tag für uns kochst", trotzdem mag es gemeinsames Essen als klassischen Ort der Kommunikation. Die entwickelt sich zwar nicht auf Kommando, aber von allein, wenn Erwachsene aufmerksam sind, Interesse zeigen, zuhören und nachfragen – und das Handy zur Seite legen!

2: Ich-Botschaften statt Du-Anklagen

Goldene Regel: Was für Gespräche unter Erwachsenen gilt, gilt auch für die Kommunikation mit deinem Nachwuchs: Ich-Aussagen kommen besser an als anklagende Du-Sätze. Das macht die Atmosphäre entspannter. Statt mit einem vorwurfsvollen „Du drückst dich ja dauernd vor der Küchenarbeit und könntest daher heute ruhig mal den Abwasch machen" erklärst du, dass du schon gekocht hast und dich freuen würdest, wenn das Kind sich ums Geschirr kümmert oder zumindest den Tisch auf- und abdeckt. Ist einfach netter – auch für dich.

3: Reden, wie es deinen Gefühlen entspricht

Bleib authentisch und spiel keine Ich-bin-eine-perfekte-Mutti-Rolle. Rede mit deinem Kind so, wie es deinen Gefühlen entspricht. Also nicht krampfhaft lieb herumsäuseln, wenn du eigentlich stinkig bist, und nicht aus pädagogischen Gründen schimpfen, wenn du die Reaktion deines Kindes eigentlich witzig findest. Du darfst auch mal laut werden (ohne dein Kind zu verletzen). Ansonsten kommst du langfristig mit liebevollen Formulierungen und einer natürlichen Stimmlage und einer gemäßigten Lautstärke am besten ans Ziel.

4: Scheiß-Mama: Klare Grenzen setzen

Spätestens im Kindergarten machen die Kleinen die tolle Erfahrung, dass man mit Schimpfwörtern enorme Effekte erzielt. Dann bringen sie Ausdrücke mit nach Hause, bei denen sich der Elternmagen umdreht. Arschloch-Papa, Scheiß-Mama – kein Kindermund ist zu niedlich dafür. Manchmal ist das nur ein Test, den du ignorieren und wegatmen kannst. Je weniger Aufmerksamkeit das Kind dafür bekommt, desto langweiliger wird es für den Nachwuchs.

Auch zum Frust- und Wutabbauen werden Schimpfwörter gern von den Kleinen (und auch nicht mehr ganz so Kleinen) genutzt. In solchen Fällen hat sich folgende Schlagfertigkeitstechnik schon häufig bestens bewährt: Grins das Kind einfach an.

Wann es zu viel wird oder zu schlimm unter die Gürtellinie geht, ist natürlich eine Geschmacksfrage. Reißt dein Geduldsfaden, setzt du deutliche Grenzen: Bis hierher und nicht weiter. Du musst dafür gar nicht böse werden und den kleinen Übeltäter anschnauzen oder anschreien, sondern klar sagen, dass es so nicht geht. Wenn du das sonst nicht bei jeder Kleinigkeit tust, wird es wirken.

5: Nicht die kleine Person infrage stellen

Der Weg zum Esstisch ist mal wieder mit Spielzeug verstopft. Die Ansage „Räum den ganzen Mist mal weg, wir wollen essen. Hier sieht's ja schlimm aus" mag zwar aus deiner Sicht richtig sein, hinterlässt aber keine klare Botschaft beim Kind. Es nimmt vor allem Gemecker wahr („Mist, Mama schimpft schon wieder") und fühlt sich schlecht („Ich habe etwas falsch gemacht"). Vielleicht reagiert es patzig, weil es wenig wertschätzend behandelt wurde. Du könntest das Kind auch einfach bitten, die Dinge wegzuräumen, die im Weg liegen, ohne die Situation weiter zu bewerten. Damit stellst du das Kind nicht als kleine Person infrage und berücksichtigst den Beziehungsaspekt.

Unser Tipp: Nicht nur die Erwachsenen dürfen kritisieren. Dreh doch mal den Spieß mit folgendem Rollenspiel um: Lass die Kids sagen, was ihnen an Mama und Papa in letzter Zeit nicht gefallen hat. Auch hier gilt wie in jedem fairen Gespräch: Die Erwachsenen hören erst einmal zu und verfallen nicht gleich in den Erklär- oder Rechtfertigungsmodus.

6: Zocken mit Regeln und reden

Wenn die Kids etwas größer werden, kommt meist mit elf oder zwölf Jahren das leidige Thema Zocken auf den Tisch. Dafür sind nicht nur Medienexperten gefragt, die Sex- and Crimeseiten sperren, sondern auch Eltern, die reden, statt die Augen zu verschließen. Die Hoffnung „Mein Kind schaut so was nicht an" erweist sich meist als Trugschluss. Natürlich gucken die Kinder, hätten wir ja auch früher gemacht. Bei uns gab es aber nur die „Bravo". Hier gilt: Seiten sperren lassen und trotzdem drüber sprechen. Denn das, was Kinder zum Beispiel in Internetpornos sehen, hat mit der Lebenswirklichkeit nicht viel gemeinsam. Die Kids glauben aber, dass es so sein muss, wenn niemand mit ihnen darüber redet.

Und wie ist es bei den Kleinen? Auch hier helfen klare Regeln. Zum Beispiel: Spielen gibt es nur am Wochenende. Oder erst wenn die Hausaufgaben fertig sind. Oder nicht mehr als eine halbe Stunde am Tag. Das sollte dann auch weitgehend eingehalten werden, denn sonst stehen die Kinder jeden Tag neu auf der Matte und wollen verhandeln. Das kann tierisch nerven. Je mehr die Kids in den Zockerrachen geworfen bekommen, desto mehr muss rein. Ausnahmen – als solche ausgesprochen – dürfen die Regel bestätigen. Zum Beispiel beim Essen mit Freunden im Restaurant, wenn ihr euch mal in Ruhe unterhalten wollt. Erste Elternregel in solchen Fällen: kein schlechtes Gewissen!

7: Teenager: Tief ausatmen und Tee trinken

Schreien, schmollen, Augen rollen oder dichtmachen – wenn das süße Kleine zum bockigen Teenie wird, kann es seinen Eltern den letzten Nerv rauben. Aus harmlosen Gesprächen werden Dramen. Pubertierende hinterfragen fast alles, was bisher galt, und zeigen ihren Eltern nur zu gern, dass sie in ihren Augen einfach nur peinlich sind. Vernünftig miteinander reden? Scheint phasenweise unmöglich. Doch ob geplagte Erwachsene es glauben oder nicht, hinter der ruppigen Fassade verbirgt sich ein empfindsames Wesen auf dem Weg ins Leben.

Mit Geduld und Achtsamkeit ist dieses Geschöpf erreichbar. Dabei gelten die auch sonst bewährten Kommunikationsstrategien und Fragetechniken. Greif dein Kind nicht in seinem Selbstwertgefühl an, verurteil es nicht pauschal. Zeig echtes Interesse und frag nach, auch wenn es die Schule schmeißen will, um „in Bitcoin" zu machen oder Influencer zu werden. „Wie stellst du dir das denn genau vor?" ist besser als „So eine bekloppte Idee". Statt „So gehst du nicht aus dem Haus. Du siehst unmöglich aus" könntest du erklären, dass dir die Klamotten deines Kindes nicht gefallen, und das begründen. Versuch auch hier, cool zu bleiben. Kommunikation ist besser als gar nichts, auch wenn sie erst einmal nichts zu bringen scheint. Streit dagegen führt euch garantiert in die Sackgasse. Wenn du also einmal die Selbstbeherrschung verlierst, brich die Diskussion lieber ab, als dich in Verletzungen hineinzusteigern.

Unser Tipp: Kommunikationsregeln helfen zwar prima, sie dürfen aber auch mal gebrochen werden, ohne dass man sich dafür schämen muss. Bevor du Konflikte mit Worten auf die Spitze treibst, gilt beim Umgang mit Teenies: ausatmen, tief ausatmen, noch mehr ausatmen und Lotusblütentee trinken. Wahlweise in den Wald gehen oder das Fitnessstudio unsicher machen.

Chaos, Wahnsinn und Gebrüll? Super Zeichen

Theoretisch leuchtet dir all das ein, aber in der Praxis, huuiiii, da könntest du den ganzen Tag vor dich hinfluchen, während dein Baby brüllt, dein Kind kreischt oder der Teenie nörgelt. Genau in diesem Wahnsinn gibt es einen wunderbaren Trost: All das sind Zeichen für ein gutes Familienleben. Ja, du hast richtig gelesen. Je größer das Chaos, desto besser bist du als Mutter beziehungsweise seid ihr als Eltern. Nur wo Kinder sich wohlfühlen, sind sie auch eklig. Wirklich schlimm wäre es nämlich, wenn deine Kids verängstigt in der Ecke hocken, später von zu Hause abhauen oder ihr euch überwiegend anschweigt. Der ganz normale Wahnsinn hingegen ist ein Zeichen dafür, dass du es geschafft hast, deiner Rasselbande Urvertrauen zu vermitteln. Deine Kinder dürfen in ihrer Familie so sein, wie sie sind. Mehr geht nicht.

„Ich will das, was du nicht willst"

Nervt dein Kind dich manchmal, weil es genau das Gegenteil von dem macht, was du möchtest? Dann hast du es mit einem sogenannten Gegenbeispielsortierer zu tun. In der Trotzphase ist dieses Verhalten („Ich will das, was du nicht willst") meist besonders ausgeprägt. Allerdings lässt es danach nicht unbedingt nach. Wir können dieses Phänomen auch in der Erwachsenenwelt noch bestaunen. Gegenbeispielsortierer sind aus Prinzip gegen etwas, oft einfach aus Gewohnheit oder auch aus Lust am kleinen Streit. Wenn du vorschlägst, auf den Spielplatz zu gehen („Ist doch schönes Wetter"), hat das Kind an deiner Seite garantiert keine Lust dazu: „Nööö, hier drinnen ist es viel schöner." Du kennst deine kleinen Pappenheimer, also erklärst du, dass es drinnen tatsächlich schön und gar nicht langweilig ist. Ob das Kind anbeißt und jetzt doch rauswill? Meist funktioniert das – allerdings nur so lange, wie die Kids das Spiel noch nicht durchschauen.

Typische Beispiele: Wenn dein Kind im Winter keine Mütze tragen will, sagst du: „Ich habe hier eine Mütze, die willst du bestimmt nicht aufsetzen." Plötzlich ist das Teil heiß begehrt. Dein Kleines hat keinen Bock, seine Legosammlung aufzuräumen, die es quer durchs Wohnzimmer verteilt hat? Mach einen kleinen Wettkampf daraus, indem du erklärst: „Ich wette, dass du es nicht schaffst, alles in zehn Minuten aufgeräumt zu haben." Und schon macht es sich ganz flott ans Aufsammeln.
Schwieriger wird es, wenn das Kind den Braten riecht. Dann kannst du das Thema direkt ansprechen. „Ich weiß ja jetzt, was du alles doof findest. Aber verrat mir doch mal, was du magst?" So ziehst du den Gegenbeispielsortierer aus seiner Antihaltung in die Verantwortung. Und wenn alles nicht funktioniert: Bestechung geht immer!

Welcher Typ ist dein Kind?

Kinder nehmen das, was du sagst, mit allen Sinnen auf. Aber wie man aus diversen Studien und Untersuchungen weiß, ist hier jedes Kind anders veranlagt. Ob über die Augen, die Ohren oder über den Tastsinn – welcher Sinn vorrangig als Kanal zur Informationsaufnahme genutzt wird, ist bei jedem Kind unterschiedlich:

Die einen können besonders gut speichern und verarbeiten, was sie sehen (visuelle Typen), andere, was sie hören (auditive Typen), und wieder andere, was sie anfassen (kinästhetische Typen). Allerdings ist die Zuordnung – wie so oft bei theoretischen Modellen – nie eindeutig. Die meisten gehören nicht hundertprozentig zu einer Gruppe, sondern wechseln zwischen verschiedenen Methoden, um (unbewusst) möglichst alle Sinne zu nutzen.

Für Eltern kann es in der Kommunikation sehr hilfreich sein, wenn sie wissen, auf welchem Kanal sie ihr Kind am besten erreichen. Wie du das am besten herausfindest? Indem du dein Kind aufmerksam beobachtest – so kannst du es mithilfe der folgenden Einteilung „typisieren":

Visuelle Typen: Denken in Bildern

Visuelle Typen denken viel in Bildern. Sie sprechen und atmen meist schnell, arbeiten mit Blickkontakt, wandern häufig mit den Augen nach oben rechts. Es fällt ihnen leicht, den Überblick zu gewinnen und sich Details zu merken. Sie arbeiten gern mit Schaubildern, Farben und Hervorhebungen in Texten. Am besten kommen visuelle Typen zurecht, wenn sie sich hilfreiche Bilder nicht nur ausdrucken, sondern selbst entwerfen.

Auditive Typen: Stark mit Worten

Ist dein Kind ein auditiver Typ, kann es gut zuhören. Es redet langsam, wenn es meint, dass das einen Effekt hat. Es kann sich einfach super mit Sprache ausdrücken, ganze Hörspiele nachsprechen, hat eine tolle Modulation, singt oft gern, erfindet eigene Wörter und Sprachen, spielt mit seinen Playmobil- oder Legofiguren eigene Abenteuer mit verschiedenen Stimmen nach. Es hat ein gutes Gedächtnis und einen großen Wortschatz; es kann gut formulieren und achtet auf seine Wortwahl. Es lernt effektiv, wenn es Ereignisse oder Selbstgelesenes in seinen eigenen Worten wiedergeben soll, gerne auch mit Onlinetutorien. In Sachen Blickkontakt sind auditive Typen eher zurückhaltend, was ihnen leicht als Unhöflichkeit ausgelegt wird.

Kinästhetische Typen: Fühlen zum Verstehen

Kinästhetische Typen, auch motorische Typen genannt, fassen gern Dinge an und möchten fühlen, um etwas zu verstehen. Sie sprechen langsam und tief, leben in ihren Emotionen, sind praktisch veranlagte, meist sportliche Kinder, die lieber etwas Handfestes tun, als darüber zu reden oder dabei zuzusehen. Neues wollen sie schnell ausprobieren und anwenden. In der Schule haben diese Kinder es oft nicht leicht, weil ein Großteil des Lernstoffs über Bilder oder Worte vermittelt wird. Sie brauchen Pausen zwischen einzelnen Lerneinheiten, in denen sie sich bewegen müssen.

Erzähl doch mal ...

Eltern sind neugierig. Was erlebt mein Kind? Wie fühlt es sich? Doch auf die Frage „Wie war es in der Schule?" bekommen sie einsilbige Antworten. Muss nicht sein. Mit fantasievolleren Ideen bringt man auch schweigsame Kinder ins Plaudern und setzt **Impulse für Talks** am Nachmittag. Damit es kein Verhör, sondern ein Gespräch wird, gehört hinter jede Frage ein „Warum".

- Was fandest du heute besonders schön und was doof?

- Welcher Wochentag ist dein Lieblingstag?

- Mit welchem Lehrer würdest du gerne den Tag verbringen?

- Was spielst du am liebsten?

- In welchem Film würdest du gerne mitmachen?

- Worüber hast du heute gelacht?

- Worauf warst du diese Woche stolz?

- Mit wem wärst du gern befreundet?

- Welche Tiere magst du?

- Wie sieht deine Traumhöhle aus?

- Was findest du richtig schlimm?

- Wovor hast du Angst?

- Hast du in den letzten Tagen jemandem geholfen?

- Was würdest du zaubern, wenn du zaubern könntest?

- Welche Familienregeln würdest du gern ändern?

- Woran merkst du, dass dich jemand mag?

- Was war dir mal peinlich?

?

Kapitel 10

Schön, dass deine Mutter gleich ein paar Wochen bleibt

•

Kommunikations-Harakiri mit der lieben Verwandtschaft

Meine Mutter, dein Onkel und unsere Geschwister – klar, wir haben sie alle lieb. Aber immer und unter welchen Bedingungen? Wenn verschiedene Interessen zusammenkommen, sind Unstimmigkeiten vorprogrammiert. Wer agiert wie im Beziehungsgeflecht? Hat die Familie wirklich immer Vorrang? Die Kommunikation mit der Verwandtschaft hat ganz besondere Tücken.

Der Schwiegervater nervt mit hartnäckigem Sofasitzen. Deine Nichte wirft am liebsten Schleimi an die Wand und findet die bunten Flecken, die dabei an der Tapete entstehen, superlustig. Während ihre Mutter, die ganz nebenbei deine Schwester ist, seelenruhig zuschaut. Bruder Jörg und Gattin Gabi zetteln wie jedes Mal spätestens nach zehn Minuten einen handfesten Ehestreit an. Und dann hat dein Schatz auch noch eine Supernachricht für dich: Seine Mutter möchte nach dem Familientreffen noch ein bisschen bleiben. Nicht nur zum Kaffeetrinken, sondern richtig. Zwei Wochen lang. Du bekommst Schnappatmung, schluckst die aber weg. Gemäß dem Grundsatz „Family first" entfährt dir ein „Schön". Die Falle schnappt zu. Negative Emotionen steigen in dir auf, werden aber mit Wucht unterdrückt. Du sitzt zwischen den Stühlen statt gemütlich auf dem Sofa.

Kommunikation mit der Verwandtschaft kann zum Harakiri werden, weil wir dabei mit Menschen zusammenkommen, die wir uns nicht ausgesucht haben. Du musst mit ihnen zumindest phasenweise kooperieren – ob du sie magst oder nicht. Wenn ihr euch prima versteht, läuft die Sache in der Regel von allein. Allerdings ist das selten der Fall. Meist passiert das Gegenteil. Wir müssen uns widerwillig durchlavieren, die größten Fallen umschiffen und darauf warten, dass der Spuk vorübergeht. Denn

Treffen mit der Verwandtschaft sind nun einmal sensible Angelegenheiten. Man kann Gastfreundschaft überstrapazieren, sich gegenseitig nerven, aufdrängen, sich rarmachen und sich mit Liebe ebenso überschütten wie sie entziehen.

Survivaltraining im Umgang mit Opa, Tante und Co.

Wie in so vielen Lebenslagen ist eine gute Kommunikation auch beim Umgang mit der Sippe das A und O. Mach dir zuerst einmal klar, dass du nicht jeden mögen musst. Vielmehr kommt es auf deine innere Einstellung an. Damit kannst du viele üble Gedanken verhindern, die dir nur sinnlos Energie rauben. Wie das geht, erklären wir dir an typischen Situationen:

1: Unter Druck: Erklär deine Motive

Über Silvester hat sich mal wieder der Bruder mit Kind und Kegel angekündigt. Er würde am liebsten mit der ganzen Familie durch die Natur marschieren. Die Schwägerin sitzt gern lang am Kaffeetisch und die Kinder wollen ins Bällebad. Was nun? Du weißt, dass dein Mann deinen Bruder aus Prinzip doof findet – und deshalb auch die Idee mit dem Ausflug. Die Kinder freut's, denn beim Gedanken an Wandern würden sie genauso wie die Schwägerin ein langes Gesicht ziehen. Jetzt bist du dran und verkrampfst erst einmal. Hilfe, was soll ich bloß tun?
Survivalkit: Du überlegst dir eine Lösung, die dir entweder selbst richtig gut gefällt, die ein Kompromiss für alle ist (erst lange Kaffeetrinken, dann Wandern, dann Bällebad) oder die die ganze Mannschaft in unterschiedliche Interessengruppen trennt. Denk daran, dass es keine richtige oder falsche Lösung gibt. Da du es

ohnehin nicht allen recht machen kannst, ist es das Wichtigste, dass du deine Entscheidungsmotive erklärst. Mehr nicht.

2: Zu hitzig: Meide Diskussionen

Politik, Corona, Erziehung, Ernährung, Bildungssystem, Gesundheit, Karriere – es gibt viele Themen, über die sich wunderbar streiten lässt. Das ist möglicherweise anregend, funktioniert aber selten wirklich gut. Denn in der Praxis ist eine Diskussion im Familienverbund ja meist nur ein Austausch von Meinungen, verbunden mit dem jeweiligen Anspruch „Ich habe recht". So wird aus einem harmlosen Gespräch oft in Windeseile eine hitzige Diskussion, in deren Verlauf sich die Fronten verhärten. **Survivalkit:** Nicht diskutieren. Einfach nicht diskutieren. Und auch ganz wichtig: Nicht diskutieren. Du wirst deinen Bruder nicht umstimmen, noch weniger deinen Vater und erst recht nicht deine Schwiegermutter. Daher: Nicht diskutieren. Lieber Kuchen essen, Musik anmachen, ablenken.

3: Help! Nach drei Tagen müffelt's

Familienbesuche können zur Belagerung werden – zeitlich und räumlich. Manche Gäste hocken am liebsten den ganzen Tag herum und warten auf Programm und Catering, andere machen Stippvisiten in der Küche und hinterlassen ihre Spuren in jedem Raum. Kleine Besucher spielen sich gern durch ganze Kinderzimmer hindurch und möchten die Hoheit über Bildschirme übernehmen. Auch hier gilt: In überschaubarem Maße alles prima, aber auf die Dauer schwer erträglich. **Survivalkit:** Definier Räume und Zeiten. Wenn Gäste deine Lebensgewohnheit nicht von selbst erkennen, darfst du darauf hinweisen: Ihr seid willkommen, müsst euch aber allein beschäftigen, wenn wir unseren sonstigen Aufgaben nachgehen. Orientier dich an Faustregeln, wenn du unsicher bist, was du in welchem Rahmen vorschlagen könntest. „Besuch ist wie Fisch, nach drei Tagen stinkt er", soll der amerikanische Schriftsteller und Staatsmann Benjamin Franklin gesagt haben. Das musst du nicht gleich so hart ausdrücken, aber an der Drei-Tage-Regel ist etwas dran. Auf der sicheren Seite bist du, wenn du Einladungen gar nicht erst für einen längeren Zeitraum aussprichst.

4: Cool-down: innere Abgrenzung

Du befürchtest schon beim Gedanken an Opas Achtzigsten, dass alte Konflikte hochkochen, wenn die Sippschaft anrückt? Du ahnst, dass wahrscheinlich auch gegen dich Attacken gefahren werden, weil die Strukturen leider so sind und schlechte Kommunikation eine lange Tradition bei euch hat? Vielleicht lohnt es sich, die ganze Sache einmal anders zu betrachten und Ruhe zu bewahren, statt den Blutdruck ins Unermessliche steigen zu lassen. **Survivalkit:** Frag dich: Warum fühle ich mich persönlich so angegriffen? Offenbar trifft hier jemand auf ein Thema, das dich belastet. Wenn du die typischen Situationen analysierst, zeigt sich vielleicht, dass es gar nicht gegen dich geht, sondern um Dinge, die in der Familie immer schiefliefen, mit denen du wenig bis gar nichts zu tun hast. Das macht es leichter für dich, dich innerlich abzugrenzen.

5: Qual der Wahl: Knallen oder demütigen lassen?

Manchmal sind die Rollen in der Verwandtschaft festgefahren. Im Prinzip weißt du schon vorher, wer wann was sagt und wann es planmäßig kracht. Zum Beispiel immer dann, wenn es um das angeblich Beste für die Kinder geht und von der kinderlosen

Schwägerin wieder gestichelt wird („Guckt mal, schon wieder verbietet sie dem Kleinen die Schokolade. Das arme Kind!").

Survivalkit: Du kannst deinen Standpunkt sachlich klarstellen („Ich weiß, was ich tue"), ohne die Angreifer als Personen abzuwerten („Der soll ja auch später nicht so aussehen wie du"). Wichtig ist, dass du nicht in den Rechtfertigungsmodus fällst. Wäg ruhig vorher ab, ob du es im Zweifelsfall lieber knallen als dich demütigen lässt. Die dritte Option ist oft die beste: Einfach überhören, nicht darauf eingehen, weitermachen oder ablenken.

6: Dramaqueen: theatralische Abgänge

Je schlechter die Kommunikation in einer Familie, desto mehr Zusammenkünfte enden im Desaster. Türenschlagen, beleidigtes Kofferpacken, Nie-wieder-Schwüre, theatralisches Schlussmachen („Das war das letzte Mal, dass ich zu euch gekommen bin") – die Möglichkeiten sind vielfältig und kinotauglich.

Survivalkit: Auch wenn du das Gefühl hast, ganz schlecht behandelt worden zu sein und dein Rachebedürfnis grenzenlos ist, versuch dich zu bremsen. Denn mit dem großen Brimborium tust du das, was du am wenigsten willst: Du verleihst ausgerechnet den Leutchen aus der Verwandtschaft eine Bedeutung, die du ihnen eigentlich gar nicht geben wolltest. Und spätestens beim nächsten Familientreffen stellt sich die Frage: Wie begegne ich ihnen? Soll ich sie links liegen lassen? Sollen wir uns vertragen? Dieses Taktieren kostet Kraft und ändert nichts. Meist ist es einfacher, einen Konflikt zu klären, als den Kontakt abzubrechen.

7: Familienkonflikte: Fühl dich nicht verantwortlich

Eigentlich sind dir Feiertage mit Verwandtenbesuchen ein Graus, weil du danach jedes Mal wochenlang grübelst, warum es immer wieder schiefgeht? Du bist darüber traurig und weißt nicht, wie du dich verhalten sollst, fährst aber trotzdem voller Hoffnung zu jeder Zusammenkunft mit der lieben Sippschaft, weil du glaubst, dass es diesmal besser laufen wird oder du die anderen erleuchten könntest?

Survivalkit: Vergiss es. Du bist weder Psychotherapeut noch Gott – bedenk, dass es in vielen Familien tiefe Konflikte gibt, die sich nicht einfach lösen lassen. Auch wenn du dich verantwortlich fühlst und gerne eine Bilderbuch-Großfamilie hättest, in der es prima funktioniert, bist du nicht für deren Glück verantwortlich und auch nicht an deren Unglück schuld. Das Einzige, was du tun kannst: Find heraus, in welchem Umfang du genau das gut ertragen kannst, was deine Sippe dir bietet.

8: Mild bleiben: Wenn Eltern alt werden

Irgendwann in der Mitte des Lebens kommt der Punkt, an dem sich das Kräfteverhältnis zwischen erwachsenen Kindern und ihren Eltern verschiebt. Die Jüngeren sind nicht mehr ganz jung und die Älteren werden richtig alt. Sie verändern sich, zeigen bei Familientreffen neue, vielleicht schrullige Verhaltensweisen, erzählen langatmig, hängen häufig in der Vergangenheit, werden unlogisch oder beißen sich an Themen wie Krankheiten und Schmerzen fest. Das hat Folgen für die Kommunikation.

Survivalkit: Lass die Faust in der Tasche. Du kannst zum Beispiel lernen, einfach wegzuhören, ohne unhöflich zu sein, wenn dich etwas aufregt. Nicken, auch wenn's schwerfällt. Das heißt nicht, dass du Ältere einfach übergehst oder sie entmündigst. Es hilft aber ungemein, nicht mehr so hitzig und kritisch zu sein, wie man es vielleicht in jungen Jahren war. Jetzt sind neue Formen des Gesprächs und der Auseinandersetzung gefragt, die vor allem von einer Grundmilde geprägt werden.

Erste Hilfe fürs Familientreffen

Beim Thema Verwandtschaftstalk kommen dir nur doofe Gedanken oder
– noch schlimmer – der Schweiß bricht dir aus und Panik überfällt dich?
Wir haben hier ein paar Tricks, um auch mit schwierigen Zeitgenossen
zumindest eine Zeit lang klarzukommen. Ein **konstruktiver Gesprächsstil**
und **neue Ideen fürs Miteinander** bringen Schwung in die Sache.

Kontakte nutzen
Der Onkel ist ein komischer Kauz und die Tante gilt als schrul-
lig? Macht nichts. Nimm's mal sportlich und versuch, mit
Leuten empathisch ins Gespräch zu kommen, die ganz anders
leben als du. Die Verwandtschaft bietet Möglichkeiten dazu,
die du sonst selten hast.

Reizthemen umschiffen
Beim Thema Politik wird einer garantiert laut und reagiert
aggressiv auf Andersdenkende? Meist lässt sich das vorherse-
hen. Damit nicht jedes Mal ein Drama daraus wird, kann man
Reizthemen umschiffen, indem man sie meidet.

Keine Racheshow
Auch wenn es hoch hergeht und du mit Vorwürfen konfron-
tiert wirst, solltest du bei Treffen mit der Verwandtschaft keine
Racheshow abziehen. Bleib cool und versuch, den Kopf frei-
zuhalten. Das ist zwar verdammt schwer, aber besser als eine
Revanche, die du später bereust.

Alkohol ist auch keine Lösung

Die Sippe ist nüchtern kaum zu ertragen? Da ist die Idee naheliegend, sich den einen oder anderen schönzutrinken. Kann funktionieren, ist aber gefährlich. Denn oft werden Ausfälle und Aggressionen mit steigendem Alkoholpegel schlimmer. Zeitig Schluss zu machen, ist im Zweifelsfall besser.

Frischen Wind reinbringen

Der Bratengeruch hängt noch schwer im Raum, da wird schon wieder Kuchen serviert. Man hockt eng aufeinander, der Sauerstoff wird weniger und die Luft dicker? Rausgehen, Kinderlüften und ein bisschen Bewegung bringen sprichwörtlich frischen Wind in jede Runde.

Traditionen hinterfragen

Zu Weihnachten müssen alle zusammen sein? Warum eigentlich? Nur, weil man es schon immer so gemacht hat? Fakt ist: Je mehr Verwandte mit unterschiedlichen Erwartungen anrücken, desto schwieriger wird's. Start jetzt deine eigene neue Tradition: Entzerrte Treffen (heute die einen zum Kaffee, morgen die anderen zum Abendessen) verlaufen meist friedlicher.

Ohne rosarote Brille

Je niedriger dein Stresslevel, desto besser kommst du durch. Setz die rosarote Brille ab und erwarte nicht, dass die ganze Sippschaft endlich fair und wertschätzend kommuniziert. Wenn du weniger gestresst bist, fällt es dir leichter, tolerant zu bleiben.

Kapitel 11

Small Talk: Jetzt erst mal was sagen

•

Lifehacks für die große Kunst des kleinen Gesprächs

Am Wochenende soll endlich mal wieder die Sonne scheinen –
beim Small Talk darf der Einstieg ruhig banal sein. Denn nichts
ist fieser, als sich in geselliger Runde allein am Sektglas fest-
zuklammern. Allerdings sollte es nicht zu lange beim Austausch
von Wetterberichten oder Reiseprotokollen bleiben.
Die Kunst besteht darin, zuerst ins Gespräch, dann ein wenig
in die Tiefe zu kommen und die Balance zu halten.

S chwer zu glauben, aber wahr: Ich bin ja eigentlich nicht
schüchtern, hatte aber trotzdem in meiner Zeit als Talk-
showmoderatorin extreme Schwierigkeiten, locker in ein
leichtes Gespräch zu kommen. Es war mir äußerst peinlich, wenn
ich im Abendkleid bei einer Gala neben irgendwelchen Sender-
chefs stand und mich mit Überlegungen darüber plagte, ob ich die
jetzt wohl nach ihren Eheproblemen befragen muss. Zum Glück
habe ich es gelassen, denn meist waren diese Menschen auch noch
meine Chefs. Da war die Oberfläche gefragt – und sonst nichts.
Fernsehveranstaltungen sind nun mal kein Ort für tiefgehende
Talks. Für mich war das jedes Mal ein Weltuntergang. Ich habe
mich selbst dabei betrachtet, wie ich relativ stumpf und dämlich
aus der Wäsche guckend dastand und nicht wusste, wie ich ein
schlaues Gespräch anfange.

Das lag einfach daran, dass ich über Jahrzehnte daran gewöhnt
war, innerhalb kürzester Zeit in die Tiefenregion eines Themas
vorzudringen. Das war ja nun mal das Prinzip meiner Sendung
und damit natürlich auch ein Prinzip meiner Persönlichkeit.
Das eine bedingt sicherlich das andere. Ich konnte innerhalb von
Sekunden auf eine sehr intensive Gesprächsebene mit jemandem
switchen – und trotzdem tat ich mich beim Small Talk total
schwer. Das finde ich übrigens bis heute noch schockierend.

Talken zum Warmwerden und Überbrücken

Die einen können es locker, als wäre es ihnen in die Wiege gelegt worden. Die anderen kämpfen mit sich. Aber du darfst sicher sein, dass kaum jemand sich pudelwohl fühlt, wenn er allein unter Fremden (oder auch Freunden) steht und die Initiative zum Gespräch ergreifen muss. Da sprechen wir beide aus Erfahrung – obwohl wir beruflich viel mit Kommunikation zu tun haben, gibt es auch bei uns Situationen, in denen wir uns die Regeln eines gepflegten Small Talks in Erinnerung rufen müssen.

Small (englisch für „klein") und talk ((„Unterhaltung") steht für ein Gespräch zum Warmwerden. Es muss weder persönlich noch tiefgehend sein, aber unangenehme Redepausen überbrücken können. Normalerweise ist das Minigespräch ein Weg, um neue Menschen kennenzulernen – bei Vertrauten müssen wir nicht smalltalken.

Introvertierten fällt es schwer, auf andere loszumarschieren oder – im entgegengesetzten Fall – auf Fragen einzugehen. Im Worst-Case-Szenario bleibt es bei einsilbigen Antworten. Extrovertierte Menschen tun sich da leichter, haben aber auch nicht viel gewonnen, wenn sie gleich die erste Begegnung für einen Monolog (schlimmstenfalls über die eigene Tollheit) nutzen oder jeden in die Flucht treiben, der sich vorsichtig annähert. Gekonnter Small Talk ist – wie so vieles in der Kommunikation und im Leben überhaupt – eine Frage der Balance. Nun kannst du sagen, dass du ohnehin ein tiefsinniger Mensch bist und ohne das oberflächliche Geplänkel viel besser klarkommst. Das mag auch stimmen, du verbaust dir aber viele Chancen, denn nicht nur Stehpartys und Sektempfänge fordern und fördern die Kunst des kleinen Gesprächs. Ob Klassenfeste, Treffen auf dem Sportplatz, Abteilungsevents, Geschäftsessen oder Bewerbungsgespräche – Small Talk ist schnell und öfter gefragt, als du denkst.

Reinkommen, tiefer gehen, weiterziehen

Ob das Gespräch gelingt, ist kein Zufall. Die Struktur folgt klaren Regeln, mit denen es bestenfalls gelingt, Verbindungen herzustellen, Beziehungen aufzubauen oder einfach eine lustige Zeit zu haben. Trau dich ruhig, den ersten Schritt zu machen. Selbst wenn der Start etwas holprig ist, kannst du sicher sein, dass dir (fast) jeder der Beteiligten dankbar ist. Man muss schon ein emotionsfreies Wesen sein, um peinliche Stille nicht peinlich zu finden. Ist der Einstieg geglückt, beginnt die Suche nach dem Icebreaker, also nach Anknüpfungspunkten für mehr Tiefgang.

Ein wunderbares Tool sind offene Fragen. Geschickt gestellt, kannst du damit auch wortkarge Gesprächspartner in Plauderlaune bringen. Alle anderen Basics kennst du, wenn du bis hierhin gelesen hast: Wende dich deinem Gegenüber zu, such Blickkontakt, lächle, signalisier Zustimmung und hör gut zu. Anders als bei tiefgründigen Gesprächen muss man beim Small Talk oft schnell wieder raus. Auch dafür gibt es Tools und Techniken.

Read more: „Und was glaubst du?" (S. 46 ff.).

Los geht's: Erlaubt ist, was Spaß macht

Aber jetzt genug der Theorie, gehen wir in die Praxis. Wie beginnt man ein unverfängliches Geplauder? Hier kommen sechs erprobte und für gut befundene Startertools:

1: Ja wirklich: Das Wetter geht immer

Zum Einstieg musst du keine Angst vor den Evergreens haben. Sie tragen ihren Titel zu Recht. Du darfst auch ruhig mit Banalitäten ungehemmt einsteigen. Das Wetter geht einfach immer. Du musst kein Meteorologe sein und niemand wird dich für oberflächlich halten, wenn du das aufziehende Gewitter einfach als Sprungbrett nimmst.

2: Wusstest du schon, dass ...

Auch Neuigkeiten sind prima. Immerhin gaben fast zwei Drittel aller Befragten in einer Umfrage an, dass sie gern etwas Neues erfahren. Aber was ist für wen neu? Man kann zum Beispiel vorsichtig anfragen: „Hast du heute Nachmittag schon die Nachrichten gehört? Im Nachbarort ist die alte Brücke gesprengt worden." Damit bist du drin. Mit der alten Brücke verbindet wahrscheinlich jeder Ortskundige irgendein Erlebnis, an das man anknüpfen kann.

3: Lecker: Mit Essen Leute anlocken

Essen ist dir zu banal? Keineswegs, denn es lässt sich vielseitig einsetzen. Du kannst dir etwas Ungewöhnliches auf den Teller legen, damit herumspazieren und hoffen, dass dich jemand anspricht, der gern mit dir plaudern würde: „Oh, was hast du denn da Schönes? Wäre das wohl auch was für mich?" Wenn bei dir niemand anbeißt, gehst du selbst auf die Pirsch und sprichst andere an: „Oh, was ist das denn da Leckeres auf deinem Teller? Ich suche gerade was Herzhaftes."

4: Detektiv spielen: Was fällt dir auf?

Du kannst auch ein bisschen Detektiv spielen und Auffälligkeiten suchen, um Gemeinsamkeiten herauszuarbeiten. „Gehört dir das Auto mit den ganzen Elchen da draußen? Schwedenfan,

oder? Wir sind auch viel da oben. Vor allem im Sommer…"
Damit spazierst du mitten hinein ins Allerweltsthema Reisen.
Das hat Charme und du zeigst dich weltläufig. Wichtig dabei:
Erzähl gerne eine kleine Geschichte von der Elchjagd, aber hol
nicht gleich das Handy raus, um anderen deine Route auf Google-
maps zu zeigen. Kaum jemand mag Texte mit Protokollcharakter
(„… dann waren wir da, danach dort, sind weitergereist nach, bevor wir ankamen in, wo der Flieger abhob Richtung… "). Gähn,
schnarch.

Ein Schriftzug auf der Tasche, interessante Schuhe, ein ausge-
fallenes Schmuckstück – spür (natürlich nur positive) Dinge als
Anknüpfungspunkte auf.

5: Gemeinsamkeiten suchen

Hobbys sind auch ein gutes Thema. Sie sind schön positiv und
bestenfalls zeugen sie von Leidenschaft. Vielleicht kannst du
damit sogar Brücken zum Rückfragen bauen. Sagen wir mal,
du erzählst, dass du wettkampfmäßig Schach spielst. Du kannst
relativ sicher sein, dass ein aufmerksamer Zuhörer das aufgreift:
„Ach, ich wusste gar nicht, dass das Sport ist." Nun solltest du
nicht rausposaunen, dass du zuletzt mit e4, e5, Sf3 und Sc6 eröffnet und gewonnen hast (versteht eh kein Schwein), sondern
Gemeinsamkeiten suchen: „Beim Schach geht's vor allem um
Logik wie bei uns im Job. Du bist doch auch in der IT, oder?"

6: Und was machst du so?

Du hast Hemmungen, andere nach ihrem Beruf zu fragen?
Musst du nicht. Die meisten erzählen gern, was sie den ganzen
Tag so treiben, und warten nur darauf, gefragt zu werden. Die
Antworten bieten fast immer Anknüpfungspunkte. Witzige

Hilfestellung kannst du geben, indem du typische Klischees vorwegnimmst und dem anderen die Chance gibst, das klarzustellen. „Aha, du bist Physiotherapeut? Dann erzähle ich dir mal lieber nichts von meinen Rückenschmerzen. Das hörst du ja eh den ganzen Tag, oder?" „Hmm, du arbeitest bei Lotto? Leider wirst du aber keinen Einfluss auf die Ziehung haben, oder?" Und schon seid ihr im Gespräch.

Vorsicht Fehler: Lästern, jammern, schweigen

Weil man aus Fehlern am besten lernt, haben wir hier ein paar typische schlimme, lustige und nervende Small-Talk-No-Gos für dich zusammengestellt. (Und ja, wir geben es offen zu: Da sind auch Tipps aus unserem eigenen Erfahrungsschatz dabei.)

No-Go 1: Läster dich nicht ins Fettnäpfchen

Lästern ist eine super Sache. Es macht Spaß und verbindet. Trotzdem solltest du dich nicht mit jedem verschwestern oder verbrüdern, indem ihr über andere herzieht. Aufmerksamkeit ist dir damit zwar sicher, aber du wirkst nicht unbedingt sympathisch. Woher soll dein frisch Verbündeter denn sicher sein, dass du nicht mit dem Nächstbesten genauso über ihn lästerst?

Und das ist nicht mal das Schlimmste. Noch gefährlicher: Bist du neu in einer Gruppe, weißt du nie, wer zu welcher Clique oder Familie gehört und wer mit wem (offiziell oder heimlich) zusammen ist. Da kannst du von einem Fettnäpfchen ins nächste hüpfen. Das gilt natürlich nicht nur bei Leuten. Auch übers Essen, die Einrichtung der Gastgeber, die langweilige Eröffnungsrede von Mister Oberschlau oder über die Klamotten von Mrs. Extravagant ziehst du sicherheitshalber nicht her.

No-Go 2: Psssst bei Sex und anderen Nöten

Heikel wird's auch bei der Themenauswahl. Die guten alten Benimmregeln schließen ein paar Klassiker aus. Dazu gehört immer noch alles, womit du schmerzhaft anecken kannst: Religion, Politik, Sex, Krankheiten, Schmerzen, Leiden, Tod, Trennung, Geldnot – also Gejammer aller Art. Überleg dir einfach, welche Themen dich selbst nerven. Dann startest du in der Regel von allein auf dem richtigen Terrain. Niemand hört gern (und vor allem nicht ausführlich!), dass das Knie wehtut, der Rücken ächzt, der Ex ein Arschloch ist oder Schulden drücken. Meist fällt es nicht schwer, Botschaften dieser Art zu vermeiden, weil das sowieso keine Infokracher sind. In letzter Zeit haben auch einige Corona auf die No-Go-Liste gesetzt. Einfach weil's nervt. Darauf kann man sich gut verständigen.

No-Go 3: Bitte nichts von Mausilein und Trottelchen

Übler Fauxpas unter Paaren: Du und dein Liebster kommt irgendwo herein und wollt gleich mal zum Einstieg lustig sein. Der Mann an deiner Seite kriegt sich gar nicht mehr ein: „Ein Wunder, dass wir überhaupt pünktlich sind. Mein Mausilein hat mal wieder ewig zum Zukleistern gebraucht. Und dann wollte sie einparken. Zwei Tage später … hahaha." Hä? Witzig? Nein, tut eher weh. Das gilt übrigens auch für Ladys, die ihre Verspätung mit einem Seitenhieb auf den Gatten rhetorisch pimpen wollen: „Ich habe mein kleines Trottelchen mal kurz aus den Augen verloren und schon stand die Küche unter Kaffee." Autsch!

Mal abgesehen von der Tatsache, dass man selbst die Liebsten in so einer Situation gern würgen würde, darfst du nicht vergessen: Dieser Akt findet vor Publikum statt. Was denken wohl die Zufallszeugen in der Small-Talk-Runde? Sicher nicht, dass es doch nett wäre, mit so einem Krawallpaar ins Gespräch zu kommen.

Sonderfall Fahrstuhl

Um Eloquenz im Fahrstuhl ranken sich so viele Mythen, dass man geneigt ist, lieber zehn Treppen hochzusteigen, als wegen einer falschen Antwort den Job zu verlieren. Apple-Gründer Steve Jobs soll die Fahrstuhlfalle für überraschende Mitarbeitergespräche genutzt haben. „Wer sind Sie? Woran arbeiten Sie? Warum brauchen wir das?" Wer bei diesen Fragen nicht überzeugend performte, soll der Legende nach beim Aussteigen gefeuert gewesen sein.

So hart geht's im normalen Leben meist nicht zu, aber das Ding bleibt heikel. Wie verhalte ich mich auf engstem Raum mit anderen Menschen? Muss ich schweigen oder smalltalken? Grüßen ist das Minimum: Laut und mit fester Stimme ist schon mal top. Starr nicht verlegen auf den Boden, als müsstest du dich schämen, sondern sieh deinem Gegenüber kurz und freundlich in die Augen. Wer Glück hat, darf die Knöpfe bedienen und die Umstehenden fragen, wo es denn hingehen soll. Cool und entspannt wirkst du, wenn du selbst dein Zielstockwerk im Blick hast und – einfach, um überhaupt etwas zu sagen – feststellst: „Aha, der fünfte Stock ist für mich schon gedrückt. Super."

Das Wetter geht auch hier immer. Wenn du Leute triffst, die dir freundlich ins Gesicht gucken und über die du ein bisschen weißt (das darf auch der Abteilungsleiter sein), suchst du Anknüpfungspunkte: „Na, das schöne Wetter am Wochenende wieder zum Segeln genutzt?" Neuigkeiten aus der Branche machen sich ebenfalls gut: „Schon gehört, dass unser Konkurrent K. Kurzarbeit angemeldet hat?" Ansonsten musst du dich nicht überanstrengen. Die Fahrt ist kurz. Mehr als ein Talk über die neue Kaffeemaschine in der Kantine muss nicht sein. Schweigen auszuhalten, ist im Zweifelsfall souveräner, als die Schuld den Leidensgenossen in die Schuhe zu schieben und ein Eigentor zu schießen: „Ganz schön peinliche Stille hier. Kann mal einer was sagen?"

No-Go 4: Achtung, du bist dienstlich hier

Vergiss nicht: Auch wenn der Small Talk nach Büroschluss stattfindet, bist du noch im Dienst. Bevor du dich selbst ins Aus manövrierst, überleg immer, was angebracht ist. Dein letzter Seitensprung, bei dem du peinlicherweise die Feuerwehr rufen musstest, um die Handschellen zu lösen, gehört nicht hierher. Genauso wenig musst du bei der After-Work-Party versuchen, deine längst fällige Gehaltserhöhung durchzudrücken. Und auch für die Fortsetzung von Kollegenzoffs sind Small-Talk-Situationen nicht unbedingt der beste Rahmen.

No-Go 5: Knoblauch oder Buchstabensparen

Hmm, ja, öhh, stimmt, nick, nick, murmel, flüster – zwar liegt in der Kürze die Würze, aber nicht im Small Talk. Wer allein bleiben will, muss nicht unbedingt Knoblauch essen. Buchstaben sparen hilft auch, um potenzielle Gesprächspartner auf Abstand zu halten und auf Nimmerwiedersehen zu vertreiben. Also lass dir nicht jedes Wort aus der Nase ziehen, wenn der Small Talk flutschen soll.

No-Go 6: Weltoffenheit hat Grenzen

Früher war es verbreitet, heute geht's nicht mehr: Du möchtest weltoffen auf neue Leute zugehen und fragst Menschen, die etwas anders aussehen als du selbst, nach ihrer Herkunft oder wo sie denn so gut Deutsch gelernt haben. Verkneif es dir, wenn du keinen Shitstorm hinter dir herziehen willst. Dein Gegenüber hingegen erzählt von sich aus von seiner tollen Kindheit in Peru? Dann darfst beziehungsweise solltest du natürlich interessiert nachfragen!

Elegant abmarschieren

Unabhängig davon, ob du eine Nervensäge abhängen oder mit dem Traum deiner schlaflosen Nächte am liebsten 24 Stunden nonstop geistreich plauschen möchtest – Small Talk hat irgendwann ein Ende. Deshalb haben wir auch für elegantes Schlussmachen etwas im Köfferchen. Fangen wir mit den Klassikern an.

+ Du machst nicht einfach die Biege, wenn's zähflüssig wird, sondern lauerst auf passende Gelegenheiten. Betritt jemand den Raum, den du kennst, hat dieser unwissentlich bereits dein Problem gelöst. „Oh, ich sehe gerade, dass mein alter Kumpel Yannik da ist. Den muss ich mal kurz begrüßen. Entschuldige mich." Ein Lächeln, ein Blick in die Augen – und weiter geht's.
Bist du selbst Gastgeber, ist das nicht nur die Kür, sondern deine Pflicht. „Superschön, dass du da bist. Ich sage mal eben da drüben Hallo. Ganz viel Spaß und bis gleich mal."

+ Das Thema Essen eignet sich nicht nur zum Anbandeln, sondern auch für einen Positionswechsel. „Sorry, ich muss noch ein paar Leckereien probieren, bevor hier alles weg ist." Sprach's und entfleuchte zum Büfett.

+ Wenn sich jemand zu fest an dich klebt und du ihn nicht mit höflichen Floskeln bremsen kannst, musst du vielleicht etwas härter vorgehen. Du antwortest nur noch einsilbig, stellst dein sonst so zauberhaft zustimmendes Lächeln ein und guckst sehnsuchtsvoll in die Ferne. Einigermaßen empathische Menschen verstehen den Wink mit dem Zaunpfahl. In solchen Fällen eignet sich auch der Handytrick. Du tust so, als ob jemand lautlos anruft, gehst dran, machst ein Zeichen zur Verabschiedung, plauderst imaginär und schreitest dabei langsam von dannen.

✚ Trick 17: Du delegierst das Dilemma. Die Idee sieht auf den ersten Blick etwas gemein aus, aber sie kann allen Beteiligten helfen. Der Typ neben dir spricht allzu gern und viel zu viel über sein Lieblingsthema Schrauben. Dein Interesse daran liegt unter null. Du weißt aber, dass deine Freundin Karola, die dich auf die Party mitbegleitet hat, von nichts anderem mehr redet, seit sie in jeder freien Minute an ihrem neuen Gartenhaus herumschraubt. Was tust du? Na klar, du bringst Schraube zu Schraube („Darf ich dir meine Freundin Karola vorstellen, die baut sich gerade …“) – und alle freuen sich.

✚ Nicht vergessen: Es gibt noch Notausstiege, die nicht unbedingt elegant, aber hilfreich sind. Ein Blick aufs Handy („Oh, sorry, ich muss mal kurz zurückrufen“) geht immer. Im Zweifelsfall ist das sogar besser als die Flucht aufs Klo. Anhängliche Zeitgenossen warten dann nämlich schlimmstenfalls auf deine Rückkehr und behalten die Toilettentür fest im Blick.

Ein bisschen Wissenschaft: Gut vorbereitet dank DISG

Hast du Lust auf ein bisschen wissenschaftlichen Background? Ja, den gibt es beim Thema Small Talk wirklich! Das sogenannte DISG-Modell erklärt, warum nicht jeder mit jedem kann, und lässt sich gleichzeitig als Tool nutzen, um mit neuen Leuten ins Gespräch zu kommen beziehungsweise das Zusammensein zu erleichtern.

Das Modell stammt aus der Wirtschaftspsychologie und steht als Abkürzung für die auf den ersten Blick recht abstrakten Begriffe Dominanz, Initiative, Stetigkeit und Gewissenhaftigkeit. Ursprünglich für die Arbeitswelt entwickelt, dient es zuerst einmal dazu, die Kommunikation im Betrieb zu verbessern und Mitarbeitende so auszuwählen, dass sie ins Team passen. Doch es lässt sich auch wunderbar fürs Privatleben anwenden. Deshalb passt es auch so prima in dieses Kapitel.

Denk nur einmal ans letzte Familientreffen zurück, auf dem du den selbstbezogenen Schwager Egon Ego eigentlich ignorieren wolltest, um mal wieder mit der netten Cousine zu sprechen. Leider ist das gescheitert, weil Egon die komplette Runde so im Griff hatte (was er natürlich immer hat), dass niemand außer ihm einen zusammenhängenden Satz loswurde. Die Sippe grummelte vor sich hin. Vielleicht flüsterte einer dem anderen zu: „Wir müssen uns demnächst mal ohne Egon treffen." Aber sonst war weit und breit keine Rettung in Sicht.

Erst einmal ist das ganz normal. Wenn verschiedene Menschen zusammenkommen, prallen nun einmal Typen und Welten aufeinander. Leider kann nicht jeder automatisch mit jedem. Wenn du Glück hast, sind Leute dabei, mit denen du dich blind verstehst. Leider ist aber auch oft das Gegenteil der Fall und du triffst auf Leute, mit denen du dich mühsam zusammenraufen oder auf andere Weise arrangieren musst. Damit die ganze Sache nicht wie mit Egon Ego endet, kann das DISG-Modell helfen – nicht immer, aber manchmal. Mithilfe dieses Tools kannst du Menschen besser kennenlernen und gezielter auf ihre Bedürfnisse eingehen. Das führt dich schneller weg vom oberflächlichen Small Talk hinein in ein tieferes Gespräch. Im Vordergrund bleiben Wertschätzung, Respekt und echtes Interesse.

Der Erfinder des DISG-Modells, der Psychologe und Comiczeichner William Moulton Marston, entwickelte die Theorie in den Zwanzigerjahren des letzten Jahrhunderts. Ein weiterer Experte, der US-amerikanische Professor und Psychologe John G. Geier, setzte es in den Sechzigerjahren fort. Die Qualitäten Dominanz, Initiative, Stetigkeit und Gewissenhaftigkeit spiegeln sich jeweils in einer repräsentativen Farbe wider und zeichnen sich durch jeweils typische Verhaltensweisen aus:

➕ Dominanz steht, wie das Wort schon vermuten lässt, für Frauen und Männer mit machtvollem, impulsivem Auftreten. Sie reden meist nicht gerne und viel, sondern machen lieber. Zack, zack – einmal geredet ist dreimal gemacht. Hauptsache, das Ding ist schnell fertig. Dass sie aufgrund der klaren, kurzen Ansagen und ihrem proaktiven Verhalten („Ich mach das jetzt") oft im Mittelpunkt stehen, ist eine natürliche Konsequenz. Führungskräfte sind oft rot – und das macht auch Sinn.

➕ Initiative beschreibt optimistische Menschen, die gerne mit anderen zusammenarbeiten, netzwerken und Kontakte knüpfen. Das dient aber oft der Selbstdarstellung. Wer zum Beispiel am Tisch sehr laut eine Geschichte nach der anderen erzählt, wird viele initiative Anteile haben.

➕ Stetigkeit ist das Merkmal ruhiger Persönlichkeitstypen. Sie mögen Sicherheit und Routine, sind als Kollegen und Freunde prima Kumpel, auf die man sich verlassen kann. Sie ergreifen seltener die Initiative und reagieren eher abwartend.

➕ Gewissenhaftigkeit und analytische Fähigkeiten passen prima zusammen. Diese Zeitgenossen haben einen hohen Anspruch an sich selbst und geben sich selten mit der zweitbesten Lösung zufrieden. Sie sind diszipliniert, zuverlässig und datenaffin. In Sachen Logik macht ihnen niemand etwas vor. Ihr Auftreten ist eher zurückhaltend, aber wenn sie etwas sagen, hat das auch Hand und Fuß. „Blaue" Menschen sind selten Quasselstrippen. Sie brauchen Zeit, um sich zu öffnen, aber es lohnt, nach ihrem tiefsinnigen Humor zu fahnden und vielleicht von ihnen zu lernen. Wenn sie von allein etwas erzählen, ist das super. Wenn nicht, lässt du es besser. Extrem Blaue können Small Talk auch als intime Beleidigung verstehen.

Read more: Wahrscheinlich hast du beim Lesen dieser Typologie schon darüber nachgedacht, welcher Typ du selbst bist. Falls du noch keine Antwort hast, google den DIGS-Test einfach einmal. Danach weißt du mehr über dich – und die anderen. Doch aufgepasst: Die meisten Menschen haben von jedem Persönlichkeitsmodell etwas. Die prozentuale Verteilung gibt dann die Hauptrichtung vor.

Einfach reden, bitte!

Ein paar gute Fragen reichen, und du bist drin im Small Talk. Dann wird ein bisschen parliert und danach geht es auch schon wieder raus. Auf der ersten Seite unseres Small-Talk-Tools findest du **Einstiegsanregungen**. Auf der zweiten Seite Ideen zum **gepflegten „Schlussmachen"**. Damit bist du rundum gut aufgestellt.

So kommst du elegant rein …

- **Auf der Party:** Woher kennst du denn unsere netten Gastgeber?

- **Am Büfett:** Das Tiramisu kann ich echt empfehlen. Wahlweise: Hast du einen guten Tipp für mich?

- **Beim Familientreffen:** Wie war eure Anreise?

- **Bei einer Veranstaltung:** Welches Thema hat dir am besten gefallen?

- **Abteilungsübergreifend:** Wie lange bist du schon im Unternehmen?

- **Zum Kennenlernen:** Darf ich fragen, was du von Beruf bist?

- **Unter Kinofreunden:** Hast du schon den neuen James Bond gesehen?

- **Unter Bücherbesitzern:** Was liest du gerade?

- **Überall:** Ob das Wetter wohl so bleibt?

... und so wieder raus: Tschüüühüss!

- **Abtauchen, wenn andere auftauchen:** Sorry, ich sehe gerade Herrn Schlau, den muss ich mal kurz begrüßen.

- **Hilfe aus der Hosentasche:** Lass dein Handy brummen, verdreh die Augen („Mein Chef, oh Gott!") und zieh Leine („Das erledige ich mal lieber draußen").

- **Flucht ans Büfett:** Huuii, mein Magen. Ich brauche jetzt schnell was zwischen die Kiemen.

- **Andere Leute ins Gespräch einbinden:** Schlimmer kann's nicht werden! Und dann: Handytaktik!

- **Magie der Stille:** Wer nicht sprechen will, der muss auch nicht. Ein schlichtes „Ich ziehe mal weiter" geht immer.

- **Geschickte Notlügen:** „Ich muss mal Hände waschen" – wähl das Örtchen, das am weitesten weg ist, und verabschiede dich ohne Wiederkehr.

- **Neu vernetzen:** „Darf ich dir meinen Kollegen Kaiser vorstellen? Der kommt auch aus der Versicherungs- branche."

Kapitel 12

Warum verdammt antwortet mir hier keiner?

●

Kann ein Akt auf dem Drahtseil sein:
Die Kommunikation
über Messengerdienste

Die Kommunikation über Whatsapp und Co. ist aus unserem Alltag nicht mehr wegzudenken. Uns stehen damit fantastische Möglichkeiten zum Austausch mit anderen zur Verfügung – leider nicht ohne Risiken und Nebenwirkungen. Denn wo vieles geht, lauern auch viele Fallen. Zwischen Emojis, Herzchen, Gruppendruck und Schweigen ist die Interpretationsvielfalt nahezu grenzenlos. Wie nutzt man die Technik schlau, ohne emotionale Trümmer zu hinterlassen?

D as muss man sich erst einmal klarmachen: Wir verfügen von Haus aus über ein umfassendes vielschichtiges Programm, um uns mitzuteilen. Wir nutzen unsere Sprache mit Worten, Sätzen, Stimme, Körpereinsatz, Mimik, Gestik und Blickkontakt, um nicht nur Informationen weiterzugeben, sondern auch die passenden Gefühle dazu. Wenn wir nun eine Mininachricht ins Handy tippen, fällt das ganze Drumherum weg. Nackte Worte gehen in die Welt. Wer sie bekommt, darf rätseln, was der Absender mit dem vermeintlich neutralen Satz „Wir haben keine Milch" wohl sagen will.

Das ist ein bisschen wie bei einer Eieruhr. Du füllst oben viel rein, nämlich alles, was dir durch den Kopf geht, bevor und während du schreibst („Kauf mal Milch, wir brauchen die. Das ist doch deine Aufgabe"). Dann läuft der Informationsfluss in der Mitte sehr eng zusammen („Keine Milch im Haus"). Es ist nicht viel Platz für nonverbale Botschaften, weil kaum jemand deshalb Romane schreibt. Beim Empfänger fließen dann wieder Emotionen und Interpretationsmöglichkeiten dazu: Was will mein Partner oder meine Partnerin mir damit sagen? „Du hast wieder keine Milch gekauft, du bist doof, du vernachlässigst deine Aufgaben, wie kannst du so vergesslich sein!"

Oben geht viel rein in die Eieruhr, in der Mitte wird kräftig getrichtert, bis die Botschaft winzig ist, und danach bleibt wieder Raum für breit gestreute Interpretationen.

Kann ich mich heimlich „rausschleichen"?

Das macht einiges mit uns. Wie die meisten Menschen müssen auch wir beide nicht lange über Pleiten, Pech und Pannen in Whatsapp-Gruppen nachdenken, oder, Sabine?

Klar, als ich mal aus einer Gruppe austreten wollte, die wir während eines Seminars ins Leben gerufen hatten, fühlte ich mich so schlecht dabei, dass ich auf kuriose Gedanken kam: Könnte ich die Wucht der verletzten Gefühle bei den anderen Gruppenmitgliedern mindern, indem ich mich nachts heimlich herausschlich? Würde es weniger auffallen, wenn ich am nächsten Morgen einfach nicht mehr da war? Es war absurd, aber ich fand die Idee beruhigend. Und du, Britt?

Ich kann gar nicht aufzählen, wie oft ich schon in Gruppenchatfallen getappt bin, weil ich meine eigenen Interpretationsmuster zum Maßstab aller Dinge gemacht habe. Hier ein typisches Beispiel:

Auf der Suche nach Infos über die Hausaufgaben meines zwar sehr kreativen, aber organisatorisch leicht verpeilten Sohnes landete ich im Klassenchat als Bittstellmama: „Kann mir mal jemand helfen? Welche Vokabeln sollen die Kids bis Montag lernen?" Clever, dachte ich – doch es kam erst einmal nichts. „Okay, die anderen sind noch nicht da, wird schon", war mein nächster Gedanke. Es wurde aber nichts. Am Abend war ich beleidigt. Wollten die anderen Supermuttis mich mobben? Hatte ich etwas falsch gemacht? Auch mein letzter Versuch („Hört mich denn hier keiner?") brachte genau null Treffer. Ich war kurz

davor, mich mit einem „Danke für nichts" aus der Gruppe zu ver-
abschieden. Zum Glück kamen mit dann doch die Erkenntnisse
aus meinen Kommunikationsschulungen zugute: „Britt, schnapp
nicht ein, die anderen meinen das nicht so." Also blieb ich erst-
mal grummelnd in der Gruppe. Als ich später mit anderen Müttern sprach, zuckten die mit den Schultern. Keine hatte etwas von
Vokabeln gehört, also auch nichts reingeschrieben. Punkt. Und
dafür hatte ich mich so aufgeregt.

Übrigens: Ich kann dich trösten, Britt. Auch Experten sind
nicht vor solchen Fehlschlüssen gefeit. Ich habe sogar in einem
Gruppenchat mit Kommunikationstrainern und Rednern – also
Profis!! – erlebt, dass sich nach einem kleinen Fauxpas einer in
seiner Eitelkeit gekränkt fühlte. Bing – raus war er!

Fluch und Segen der modernen Technik

Die rasante Entwicklung neuer Techniken hat unsere Gesellschaft und damit auch die Kommunikation verändert. Messengerdienste sind ein riesengroßer Bestandteil unseres Lebens. Wir
können darüber selbst mit kleinen Signalen große Wirkung
erzielen. Die Technik eröffnet uns wunderbare Optionen, um
in unserer schnellen Welt in emotional wertvolle Verbindung
zu gehen. Schriftlich oder mündlich Aufgezeichnetes ersetzt
zunehmend persönliche Gespräche; vor allem für Jüngere haben
Whatsapp, Signal und Co. das Telefon fast abgelöst. Wir teilen
längst nicht nur Fakten und Erlebnisse, sondern auch Höchst-
persönliches. Die Nachrichten sind mittlerweile so relevant, dass
sie auch vor Gericht als Beweismittel für Pläne, Gefühle, Motive,
Standorte oder Verbindungen zum Einsatz kommen. Denn anders als bei einem privaten Gespräch wird alles gespeichert – mit
der entsprechenden Sprengkraft. Dass wir heute fast jeden immer

und überall per Smartphone und Messenger erreichen können, ist Fluch und Segen zugleich. Deshalb ist es enorm wichtig, ein Bewusstsein für die Fallstricke der schnellen Kommunikation mit Mininachrichten zu entwickeln.

Typische Fehler und wie du sie vermeidest

Hier ist das berühmt-berüchtigte Fingerspitzengefühl gefragt! Denn beim Chatten über Whatsapp und Co. gibt es kaum Regeln, die für alle gleichermaßen gelten. Trotzdem – oder gerade deshalb – haben wir dir einen Guide mit Wissenswertem zusammengestellt, damit du nicht Gefahr läufst, in jedes Fettnäpfchen zu „tippen":

1: Ahhh, gefährliche Hektik: Erst denken, dann schreiben

Überleg dir genau, was du anderen sagen willst, bevor du eine Nachricht rausschickst. Schreib oder sprich vor allem bei komplexen Themen nicht blind drauflos, wenn du aufgeregt oder in Eile bist. Die Gefahr ist groß, dass du dich vertippst und Missverständnisse provozierst. Geh in dich: Willst du wirklich etwas loswerden oder hörst du dich nur gern reden?
Unser Tipp: Schreib etwas auf und schick's dir erst mal selbst. Eine Stunde warten und nach noch mal gucken, ob der Ton passt. Im Zweifelsfall bist du lieber zu nett. Oder du rufst an.

2: Hilfe, die Wortflut kommt: Fass dich kurz

Bei fast allen Nachrichten gilt: Bleib beim Thema und fass dich kurz. Vor allem bei Sprachnachrichten besteht die Gefahr, von einem aufs andere Thema zu kommen und den roten Faden zu verlieren. Das kannst du vermeiden, indem du dir ein Zeitlimit setzt, dir selbst noch einmal anhörst, was du von dir gegeben hast, und eventuell einen zweiten Anlauf nimmst, um kürzer zu werden. Zur Orientierung: In Umfragen gaben fast 60 Prozent der Messengernutzer an, dass Audionachrichten nicht länger als eine Minute sein sollten. Auch geschriebene Texte nerven, wenn sie zu lang sind. Orientier dich an dem, was du selbst gerne liest. Ab welcher Länge verdrehst du die Augen? Wenn es viel zu berichten gibt, spricht nichts gegen ein richtiges Telefonat, für das man auch einen Zeitpunkt vereinbaren kann, damit niemand überfallen wird.

3: „Was Hst du dabie genacht?" Rechtschreibung hilft. Sehr!

Eine Whatsapp-Nachricht muss nicht druckreif sein – aber Rechtschreibung an sich ist schon eine sehr feine Sache. Klarer, höflicher – und du verkaufst dich besser. Was unter Jugendlichen cool ist, wirkt im Business schnell als ungebildet. Auch gilt wie beim Sprechen: Lies deine Texte, bevor du sie rausjagst – allein um unfreiwillige Fehler zu entdecken, die die Autokorrektur hineingeschossen hat.

4: „Kennst du schon die Story vom umgekippten Reissack?" Wann macht die Voicemail Sinn, wann Text?

Überlass es nicht dem Zufall, ob du schreibst oder sprichst. Beides hat Vor- und Nachteile. Geschriebenes ist in der Regel kürzer und klarer auf den Punkt gebracht (dazu zwingt schon die Faulheit, zu viel tippen zu müssen). Beim Schreiben fehlen aber die Emotionen, die in der Stimme immer mitschwingen. Überleg dir: Ist die Nachricht Freundschaftspflege oder Faktenaustausch? Wenn du viel zu sagen hast, deine Gefühle dabei wichtig sind, du dich gut strukturieren kannst, die Situation deiner Empfänger kennst und zeitsparend vorgehen willst, ist die Voicemail die bessere Wahl. Geht es um kurzen emotionslosen Austausch von Fakten, bist du mit der geschriebenen Nachricht auf der sicheren Seite. Sabine: Ich achte auf die Gewohnheiten und Präferenzen meiner Empfänger. Meinem Mann schreibe ich zum Beispiel fast nur, weil es ihn nervt, im Meeting Sprachnachrichten zu hören. Bei vielen Freundinnen spreche ich drauf.

Eine Ausnahme gilt, wenn es um Texte geht. Schickt dir jemand ein Dokument mit der Bitte um Kommentierung oder Ergänzung, treibst du ihn zum Wahnsinn, wenn du einfach eine Voicemail raushaust („Und dann finde ich den Abschnitt mit den vielen Substantiven irgendwie komisch"). Der Empfänger weiß wahrscheinlich nichts damit anzufangen. Bei Dokumenten

Britts persönlicher „Podcast"

Ich habe mir mit ein paar Freundinnen eine ganz spezielle Form der Kommunikation angewöhnt. Die hat sich zum einen im Lockdown bewährt, zum anderen kommt sie mir entgegen, weil ich auf Mallorca weit weg von vielen meiner Freunde wohne und es oft schwierig ist, meinen Alltag mit anderen zu teilen, wie ich es sonst gerne tun würde. Ob beim Putzen oder Kochen – wenn ich Lust habe zu plaudern, erzähle ich meinem Smartphone, was gerade bei mir passiert. Ich brauche dafür kein besonderes Anliegen und keinen Rahmen. Das schicke ich dann an Freundinnen, die das Gleiche für mich tun – wenn sie Zeit und Lust haben. Da wir kein qualifiziertes Feedback voneinander erwarten, stresst das niemanden, aber wir erfahren viel voneinander und halten so auch auf große Distanz Verbindung.

E-Mail: Mach dich nicht unbeliebt

Im Privaten haben Messengerdienste die E-Mail schon fast abgelöst. Im Business ist sie aber als Kommunikationsmittel noch immer die erste Wahl. Auch da gibt es ein paar Dinge zu beachten:

+ Die E-Mail von heute besticht durch Kürze. Man kann auch knapp sehr charmant schreiben. Im Job sind die meisten Empfänger genauso ungeduldig wie privat. Beschränk dich deshalb erst einmal auf fünf bis zehn Zeilen oder zwei Absätze.

+ Anhänge – vor allem in großen Mengen und unbedachtem Datenvolumen – können zur Plage werden, weil sie auf den ersten Blick immer unübersichtlich sind. Was soll ich zuerst öffnen? Muss ich alles herunterladen? Woher weiß ich, was für mich wichtig ist? Wenn sie sich nicht vermeiden lassen, sind eindeutige Bezeichnungen wichtig. Also nicht „version finalx234", sondern „Kostenvergleich Treppenhausreinigung".

Unser Tipp: Erklär deinen Lesern kurz im Anschreiben, was sie mit welchem Anhang tun sollen.

+ Schick nicht zu oft etwas in cc an alle. Ein Adressat, zehn Leute in cc – das bringt meist nicht mehr Wissen in die Runde, sondern dient vor allem der Absicherung („Ihr habt es ja alle gesehen"). Zusätzlich verwirrt es die Empfänger, weil all die Leutchen in cc nicht wissen, ob sie etwas machen sollen oder nicht. Außerdem erhöhen solche Nachrichten die E-Mail-Flut – und werden deshalb oft nicht mehr gelesen. Also genau überlegen: Wer muss cc, wer möchte cc? Ansonsten lieber kein cc.

+ Es schadet auch nicht, wenn du sparsam mit dem Wunsch nach Empfangsbestätigungen, dramatischen Großbuchstaben oder massenhaften Ausrufungszeichen umgehst. Empfänger entscheiden lieber selbst, was für sie wichtig ist, als es sich von anderen vorschreiben zu lassen.

gilt: Schreib lieber gleich in den Text hinein oder verwende die Kommentarfunktion. Auch kryptische Symbole wie zum Beispiel drei Punkte am Satzende am besten weglassen. Wie soll jemand es auffassen, wenn er fragt, ob ein Termin verlegt werden kann, und du antwortest: „Ja…"? Der Empfänger weiß nicht, ob du Ja, Nein oder „Ja, aber" meinst. Das ist auf die Dauer anstrengend.

5: Mit Blumen oder Floskeln? Jede/r tickt anders

Es gibt Menschen, die mögen es blumig. Erst ein wenig Small Talk, Austausch von ein paar Nettigkeiten, emotionales Warmwerden und dann zur Sache kommen. Für andere ist das pure Zeitverschwendung. „Alles Liebe zu Weihnachten, frohe Ostern, einen guten Start ins neue Jahr – bleib mir bloß weg mit den ganzen Floskeln. Das raubt mir nur meine Zeit." Berücksichtige die Gewohnheiten deiner Mitmenschen und das Umfeld, in dem sie sich bewegen. Danach entscheidest du, wie du in die Kommunikation einsteigst.

6: Bloß keinen Liebesentzug: Eine Antwort, bitte!

Wer kennt das nicht? Da hat man etwas Wichtiges in eine Gruppe gepostet oder an Einzelne geschickt, freut sich auf Zustimmung und Applaus für die tolle Idee oder zumindest auf eine Antwort – und dann meldet sich kein Schwein. Die Enttäuschung ist groß, die Selbstzweifel wachsen: Finden die anderen das nicht gut? Habe ich jemandem etwas getan? Soll ich hier tatsächlich ausgeschlossen werden? Das ist ja wohl der Gipfel! Wer einen Hang zum Interpretieren und Überinterpretieren hat, bekommt als Nutzer von Messengerdiensten leicht schlaflose Nächte. Das Nichtantworten kann sogar zum Beziehungskiller werden, denn in der Zweierkommunikation tauchen die legendären hellblauen Häkchen auf, sobald der andere die Nachricht gelesen hat. Wenn er einen dann zappeln lässt, gibt's einen Stich ins Herz. Stimmt mit uns etwas nicht? Der antwortet doch sonst immer. Ist da was im Busch? Liebt er mich nicht mehr? Hilfe! **Unser Tipp:** Gewöhn dir an, möglichst schnell zu antworten – vor allem bei Leuten, mit denen du das gewohnt bist. Muss ja nicht gleich geistreich sein. Ein „Danke, ich melde mich später" reicht erst einmal völlig aus. Manchmal kannst du auch mit einer kurzen Erklärung Pluspunkte sammeln („Bin im Meeting, an der Fleichtheke, beim Tanken, auf dem Mount Everest"). Wer seine Liebsten nicht in unnötige Panik versetzen will, deaktiviert die „Gelesen"-Einstellungen.

Im umgekehrten Fall, also wenn du eine Nachricht rausschickst, musst du immer damit rechnen, dass du den anderen gerade zu einem schlechten Zeitpunkt erwischst oder er im Moment einfach keine Lust hat zu antworten. Wenn es nicht gerade die Liebsten sind, die sonst immer postwendend eine Antwort schicken – take it easy! Vor allem in Gruppen passiert gern mal gar nichts, obwohl niemand böse Absichten hat. Hier gilt der alte Grundsatz: Eine Aufforderung an alle ist eine Aufforderung an keinen. Denn jeder denkt, dass andere ja antworten können.

Geht's dir um etwas Wichtiges, ist es im Zweifelsfall besser, eine Person aus dem Chat gezielt zu fragen. Manchmal geht auch einfach etwas unter – vor allem, wenn viele Nachrichten reinrauschen. An eine unbeantwortete Message darf man den anderen ruhig erinnern.

7: Die wunderbare Welt der Emojis

Wir lieben Emojis. Die süßen kleinen Icons sind so etwas wie eine universale Sprache. Sie können einfach alles (herrlich, lustig, haha, ich muss Tränen lachen, ich kann's nicht fassen, grrr) und verraten auf Knopfdruck Gefühle, die bei schriftlichen Nachrichten komplett untergehen (wenn man nicht gerade Poetin oder Poet ist). Lustig, peinlich, sorry, zum Schämen, pass auf, Ironie, zum Heulen, grübel, ähhh, Verwirrung, Achtung, Schock, Eiseskälte, Herzchen, Küsschen – alles, was uns nahegeht, lässt sich wunderbar einfach ausdrücken. Super, wenn man bedenkt, dass ein Großteil der Menschen Schwierigkeiten hat, über die eigenen Gefühle zu sprechen. Emojis ersetzen, was beim Schreiben fehlt: Gestik, Mimik, Körpersprache und Stimmlage. Kein Wunder, dass kaum noch eine Nachricht ohne die Gefühlsfußnoten herausgeht.

Und damit beginnen dann leider auch die Probleme. Zum einen, weil die Bildchen die Sprache unterstützen und nicht ersetzen sollten. Ein reiner Bildertausch jedoch wird schnell langweilig. Zum anderen werden Emojis inflationär, wenn sie massenhaft auftreten und sich immer weiter vermehren müssen, damit die Wirkung hält. Hat ein Post mit einem mäßigen Witz drei Smileys bekommen, braucht der bessere Gag fünf. Und wenn du beim nächsten Mal nicht mindestens zwölf vergibst, ist der andere beleidigt.

Faustregeln:
✚ Bring ruhig Emotionen mit in deine Nachrichten rein, aber achte auf die Gewohnheiten deines Gegenübers. Ob zwei oder 234 Emoji-Icons – die passende Menge ist Typsache.

✚ Meide Emoji-Embargos. Das heißt: Wenn du es gewohnt bist (insbesondere mit deinem Liebsten oder deiner Liebsten), immer ein Herzchen mitzuschicken, lass das nicht plötzlich weg. Denn dann geht das in eine unerwünschte Richtung: „Ist was? Warum kommt heute keins? Habe ich etwas Doofes gemacht?"

8: Kein Schimpfen, Streiten, Pöbeln:
Achte auf die Wortwahl

Auch wenn du recht sicher bist, dass deine Chats nicht als Beweismittel vor Gericht landen und gegen dich verwendet werden, solltest du auf deine Wortwahl achten. Wenn du stinksauer bist und jemanden beschimpfst, hilft dir das vielleicht, Dampf abzulassen, aber anders als am Telefon oder im direkten Gespräch wird alles, was du sagst, für die Ewigkeit dokumentiert. Jedes Lästern, jedes Pöbeln ist beweisbar, kann in falsche Hände geraten oder du bereust es, wenn du wieder auf Normaltemperatur läufst. Schriftlich streiten ist also wenig zielführend, aber hochgradig verletzend.

9: „Kingkong74 hat die Gruppe verlassen":
Aus Gruppen austreten

„Kingkong74 hat die Gruppe verlassen." Die Nachricht sitzt. Da ist jemand abgetaucht, weil er von anderen genervt war, deren Ansichten langweilig fand, nichts mehr zu posten hatte, sich zu wenig beachtet fühlte oder warum auch immer.

So leicht der Anfang einer Kommunikation per Messenger ist, so schwierig wird es auch, ihn wieder zu beenden. Dabei ist der soziale Druck riesig; es ist ein bisschen wie öffentliches Schlussmachen. Denn Teil einer Gemeinschaft zu sein und dann plötzlich nicht mehr dazugehören zu wollen, erfordert Mut oder – wie man's nimmt – ein starkes Rachebedürfnis. Trotz aller Emotionen: Auch dieses Thema sollte man nicht höher aufhängen, als es ist. Wer beleidigt abmarschiert, sagt einiges über sich selbst aus. Ob man, wenn man eigentlich gehen möchte, aus Rücksichtnahme auf die Gruppe bleibt, kann jeder für sich selbst abwägen.

In Chats gibt es keine Anwesenheitspflicht. Wenn du rauswillst, aber nicht zur Persona non grata werden möchtest, kannst du kurz und nett Bescheid geben, bevor du dich verdrückst – so wie man auch eine Partyrunde verlässt, um weiterzuziehen. Übrigens: Wenn du eine Gruppe heimlich verlassen willst, musst du das nicht so machen, wie ich das am Anfang dieses Kapitels in meinen Überlegungen beschrieben habe. Es gibt geniale technische Tricks dafür. Die findest du, wenn du „Whatsgruppe heimlich verlassen" googelst.

10: Alle meine Urlaubsfotos für alle?
Bilder verschicken oder nicht?

Bildergucken macht Spaß. Wie viele du verschickst, ist eine Typfrage und hängt natürlich vom Event ab. Manch einer freut sich total, wenn ihm jemand aus einer Urlaubsregion Bilder schickt, in der er selbst noch nie war. Klettern in Timbuktu? Igluübernachtung in Alaska? Eingeborenenritual in Uganda? Gerne her mit den Bilderfluten. Türkei all inclusive oder Düsseldorfer Altstadt? Da reicht ihm dann ein Foto. Manche wollen immer Fotos (Oma und Opa sowieso), andere gar keine. Also vorsichtig rantasten, im Zweifel – wenn die eigene Begeisterung überbordend ist und man gern alle Bilder schicken würde – kurz nachfragen, ob sie gewünscht sind.

Whatsapp und Co.: Zehn goldene Regeln

Erst nachdenken, nicht herumpöbeln, schnell antworten,
Emojis wirkungsvoll einsetzen – wenn du die wichtigsten Regeln
der Messengerkommunikation draufhast, wirst du dich
nicht mehr so leicht ins Fettnäpfchen setzen.
Hier gibt's unsere **goldenen Regeln** noch mal zum Abhaken:

Vor dem Schreiben kurz überlegen:
Was, für wen, wie lange? Die Empfänger
werden es dir danken.

Kurzfassen: Komm schnell auf den Punkt
und bleib beim Thema.

Auf Rechtschreibung achten:
Grundregeln zeugen von Respekt gegenüber den Empfängern.

Die anderen wahrnehmen:
Wer mag welches Medium? Lieber blumig
oder sachlich?

Die passende Form wählen: Überleg – schreiben, sprechen, mailen oder telefonieren?

Emojis mit Bedacht verwenden: Geh auf deine Empfänger ein. Mögen oder nutzen sie selbst viele, keine oder wenige?

Zeitnah beziehungsweise überhaupt antworten: Lass niemanden zappeln und melde dich, so bald es geht.

Achte auf die richtigen Worte: Meide Geläster, Gepöbel und schriftlichen Streit.

Ohne Groll aus der Gruppe: Gib kurz und nett Bescheid, wenn du rauswillst, oder nutz elegante Tricks.

Bilder und Anhänge mit Bedacht schicken: Find heraus oder frag nach, wie viel andere interessiert.

Kapitel 13

Hilfe,
mir steckt da ein
Wort im Hals!

●

Schlagfertigkeit trainieren:
Wie du endlich auf alles
eine passende Antwort hast

Autsch! Da hat jemand einen blöden Spruch abgelassen – und dir fiel mal wieder keine Retourkutsche ein. Das Schlimme: Wir verlieren die Kontrolle und ärgern uns wahnsinnig über uns selbst, wenn wir angegriffen und niedergewalzt werden, nur weil wir keinen passenden Spruch auf Lager hatten und irgendetwas anderes als Schweigen. Das Gute: Du musst nicht sechs Wochen ins Rhetorik-Bootcamp, um cool zu kontern. Es gibt Tricks zur Abwehr, zur Verblüffung oder zum verzögerten Gegenschlag. Wir zeigen dir, wie einfach du Paroli bietest.

Geht es um Superpeinlichkeiten, bin ich Profi. Ich habe als Radio- und Fernsehjournalistin im Gespräch mit Weltstars Namen verwechselt, musste tote Technik wegmoderieren und die Show am Laufen halten, als mal eine Bühne unter mir zusammenkrachte. Ich habe Hirnleere überstanden, bei der ich eigentlich lieber in Ohnmacht gefallen wäre, als weiterzutalken. So gesehen müsste „Chaos-Sabine" mein eigentlicher Vorname sein. Warum ich trotzdem noch lebe? Tja, irgendwie ging es nicht anders.

Wenn die Show weitergehen muss, muss sie weitergehen. Und die „Show" ist ja überall, auch im Office, in der Küche und vor den Schultoren. Man kann sich an alles gewöhnen. Wenn du mit diesem Grundsatz losläufst, geht bestimmt öfter mal was schief. Und das ist gut so. Denn jede Panne macht dich stärker.

Bestimmt kennst du das Phänomen „Ich stehe da wie ein begossener Pudel". Jemand greift dich frech, aufdringlich, nervend oder unverschämt an. Du verfällst in Schockstarre und sagst einfach gar nichts. Obwohl du in dieser demütigenden Situation so gerne souverän, bestenfalls sogar lustig reagieren würdest. Warum – verdammt noch mal – bin ich plötzlich ohne Worte?

Weshalb kommt mir genau jetzt kein Geistesblitz, mit dem ich zurückschlagen, noch eins draufsetzen, meine Zuhörerschaft beeindrucken oder zumindest mein Gesicht wahren könnte?

Wer in Sachen Schlagfertigkeit schon als Kind gut trainiert wurde, darf sich selbst gratulieren. Als selbstbewusster, tendenziell mutiger Mensch fällt es leichter, mal einen Spruch rauszuhauen. Aber grundsätzlich ist alles angelernt. Und das ist ja die gute Nachricht. Denn es bedeutet: Schlagfertigkeit ist lernbar.

Wer rhetorisch geschult ist, kann sich glücklich schätzen. Und die anderen? Die haben vielleicht jetzt noch einen Kloß im Hals oder Angst vorm Blackout, aber schon zwei Stunden später unter der Dusche eine Megaidee für einen Konter. Ha! Wir sind also alle mehr oder weniger schlagfertig – nur am Timing arbeiten wir noch.

Die coolen Konter kommen gern unter der Dusche

Zum Hintergrund: Geh in Gedanken in eine typische Stresssituation. Du musst etwas Kompliziertes in kurzer Zeit schaffen, vor anderen reden, deine Ansichten kundtun und eventuell verteidigen. Das erfordert schon eine ganze Menge Hirnleistung. Dann grätscht dir jemand von der Seite rein: „Wird das heute noch was?" – „Mach mal schneller" – „Oh, das wird aber unter unserem Niveau!". In diesem Moment ist deine ohnehin schon schwer schuftende Denkzentrale so überlastet, dass sie einfach aussetzt. Eigentlich braucht dein Kopf jetzt Entspannung, damit die Kreativität fließen und er geniale Konter entwickeln kann. Doch die Blockade sitzt zu fest. Du bist ganz tief drin im Fluchtmodus, der dir nichts anderes erlaubt, als wegzurennen oder dich tot zu stellen. Es kommt einfach nichts anderes aus deinem Hirn heraus. Das wird erst anders, wenn die Nerven sich beruhigt haben und der Druck raus ist. Zum Beispiel im Auto nach einem nervenaufreibenden Meeting. Oder – sehr beliebt – zu Hause unter der Dusche, wenn endlich alles sprichwörtlich abfließt. Genau in diesem Moment fliegen uns unübertreffliche Antworten und coole Reaktionen einfach so zu, ohne dass wir dafür etwas tun müssen. Leider, leider ist es zu spät.

Eine sinnvolle Investition in die Zukunft

Schlagfertig zu sein bedeutet, dass man schnell auf etwas reagieren kann, das einen überraschend trifft. Es handelt sich dabei um eine wichtige Form von Selbstschutz, denn eigentlich hat niemand das Recht, jemand anderen anzugreifen, ohne dass der ihn vorher attackiert hat. Ob zu Hause, im Büro, in privaten Diskussionen oder Kundengesprächen – es ist in allen Lebensbereichen nicht nur nützlich, sondern auch noch elegant, wenn man lässig kontern und andere in ihre Schranken weisen kann.

Du verschaffst dir damit Respekt und eroberst verlorene Kontrolle zurück. Nicht nur Chefinnen und Chefs oder Kollegen können bissig sein, auch die Freunde, die Nachbarn oder die eigenen Kinder probieren gern einmal, ihr Gegenüber mit provokanten Sprüchen aus der Fassung zu bringen. Oft übrigens aus rein humoristischen Gründen. Das kann trotzdem schiefgehen. Wenn du ein paar Schlagfertigkeitstricks kennst, holst du dir die Fäden gekonnt zurück in die Hand.

Die Liste weiterer Pluspunkte der verbalen Retourkutschen kann sich sehen lassen: Du musst nicht mehr so viel in dich hineinfressen und lebst schon deshalb gesünder. Du päppelst dein Selbstbewusstsein auf, wenn du abends im Bett auf einen Tag zurückblickst, an dem du aus eigener Kraft nicht untergegangen bist, obwohl andere dein Boot ins Wanken gebracht haben. Netter Mehrwert: Du sorgst vor und investierst in deine Zukunft. Denn wer einmal gezeigt hat, dass er andere in seine Schranken verweisen kann, wird nicht so schnell wieder angegriffen oder respektlos behandelt. Niemand tanzt mehr auf deiner Nase herum. Es wird dir leichter fallen, dich durchzusetzen.

Schlagfertigkeit ist lernbar

Wie so vieles im Leben kannst du auch diese Kunst lernen, ohne von Haus aus ein Genie zu sein. Die meisten Schlagfertigkeitsköniginnen und -könige (man denke nur an Barbara Schöneberger oder Thomas Gottschalk) haben sich ihren Sprachwitz in jahrzehntelangem Training angeeignet. Aber keine Sorge, so lange musst du nicht warten, wenn du in zwei Bereichen an dir arbeitest:

1. Du lernst, im Moment der Anspannung zu entspannen.

2. Du eignest dir verschiedene Kontertechniken an, sodass du in jeder Situation eine parat hast.

Das Gehirn entspannen? Wie geht das denn?, wirst du jetzt fragen. In der Tat ist diese Sofortmaßnahme wenig bekannt. Wenn du die Kunst beherrschst, hast du 95 Prozent der Bevölkerung der westlichen Welt etwas voraus. Damit bist du also schon fast einsame Spitze. Die Formel dafür lautet: Mach dich groß. Also nicht gleich zu einer Riesin oder einem Riesen, sondern fühl dich so, als wärst du zwei Zentimeter länger. Das reicht erst einmal. Dafür richtest du dich auf. Heb deinen Kopf königlich empor. Blick entspannt um dich, als würdest du bei der Oscarverleihung über den roten Teppich schreiten. Vielleicht gelingt dir sogar ein Lächeln, dazu ein tiefer Blick in die Augen deines Gegenübers. Natürlich versprechen wir nicht, dass es immer funktioniert, aber du kannst in einer solchen Position einfach besser denken. Das konnten zahlreiche Studien belegen. Hinzu kommt: Du bist nicht passiv und signalisierst, ohne kreativ zu werden und ein einziges Wort reden zu müssen: „Mir kann so schnell keiner was!" Probier das mal aus. Du wirst sehen: Es wirkt Wunder. Auf Menschen in dieser Körperhaltung macht eine Verbalattacke einfach nicht so viel Spaß.

Kleinmachen ist ein Erbe der Evolution

Das ist übrigens kein spiritueller Zauber, sondern basiert auf der Evolution. In grauer Vorzeit hatten die Steinzeitmenschen nur zwei Möglichkeiten, wenn ein Angriff in Form von wilden Tieren drohte. Sie mussten wegrennen, auf einen Baum klettern oder sich tot stellen. Bei der Flucht geht der Sauerstoff aus dem Hirn in die Muskeln, damit wir schnell rennen können – und sei es nur auf die Toilette. Doch selbst die ist oft nicht greifbar – und da stehen wir dann, sprachlos, ohne Sauerstoff zum Denken. Also klein machen, Schultern einrollen, Blick nach unten richten, Kopf einziehen und ausharren, ohne weiter nachzudenken. Kleinmachen signalisiert dem Körper: „Oh Mist, Gefahr im Verzug. Ich muss weg!" Wie soll man da noch kreativ werden?

Witzig und cool, aber nicht verletzend

Neben Körpersprache und Stimme gibt es nun verschiedene rhetorische Techniken, mit denen du Angriffe klar und entspannt (vielleicht sogar lustig!) abwehren kannst.

Dafür verraten wir dir hier die gängigsten Techniken. Unser Prinzip dabei: Konter dürfen zwar witzig und cool, aber nicht verletzend sein. Sie dienen zum Selbstschutz und nicht, um Konflikte hochzuschaukeln. Wenn jemand versucht, mit seinen Bemerkungen das Niveau unter die Gürtellinie zu treiben, ziehst du es bestenfalls wieder hoch.

1: Provokante Fragen mit Gegenfragen abwehren

Wer mit Bösem in Form von spitzfindigen Fragen konfrontiert wird, sollte sich nicht in die Enge treiben lassen. „Na, hat unser Neuzugang heute denn mal alle wichtigen Unterlagen dabei?", stichelt die Wortführerin vor versammelter Mannschaft, als die junge Kollegin in ihren Papieren herumkramt. Diese muss nicht gleich zittrige Hände kriegen, sondern erarbeitet sich erst einmal einen kleinen Zeitgewinn und Respekt mit einer Übertreibung: „Na klar habe ich die Unterlagen – und auch noch extrem gute Laune. Hoffe, Sie auch!" Mutige probieren es so: „Wie kommen Sie zu der Fehlinterpretation?"

2: Auf die Spitze treiben

Leider gibt es immer wieder Menschen, die es wagen, andere zu beleidigen – einfach um die eigene Überlegenheit zu demonstrieren, weil sie sich nicht anders zu helfen wissen oder weil sie soziale Trampel sind. Häufig steckt auch Neid dahinter. Wenn dich jemand anmacht („Dein Pulli ist ja viel zu lang"), rechtfertigst du dich nicht spaßbefreit mit einem „Deiner aber auch", sondern treibst den Vorwurf eine Stufe weiter: „Noch zehn Zentimeter und ich habe ein Kleid." Auf ein „Du arbeitest ganz schön langsam" gelobst du keineswegs entschuldigend Besserung, sondern stellst klar: „Die Letzten werden die Ersten sein."

3: Keine Angst vor Missgeschicken

„Du hast da was zwischen den Zähnen." Die Feststellung vor Publikum ist ebenso unschön wie uncharmant. Trotzdem musst du nicht gleich wegrennen und dich entschuldigen. Stattdessen greifst du die Peinlichkeit auf („Ist doch praktisch, wenn ich unterwegs noch was dabeihabe"). Den Kaffeefleck auf deinem Ärmel („Oh, mein Coffee to go") nimmst du genauso lässig wie den Himbeerpudding auf dem Pulli („Möchte jemand was von meinem Nachtisch abhaben?"). Selbstironie funktioniert immer.

4: Lustige Schuldverschiebungen

Ein „Du bist aber alt geworden" konterst du mit einer überraschenden Schuldverschiebung statt mit Rache („Und du uralt") oder Empörung („Frechheit!"). Dafür greifst du das Gesagte auf und führst gleichzeitig vor, wie fies eine solche Feststellung ist: „Hast recht, ich muss mich unbedingt mal bei meinen Eltern über mein Geburtsdatum beschweren."

5: Überraschend zustimmen

Ob jemand dünn, dick oder irgendetwas dazwischen ist, irgendwann trifft diese übergriffige Feststellung fast jeden: „Du hast aber zugenommen." Natürlich kannst du das recht unlustig zurückspielen („Habe ich gar nicht"), doch damit erzeugst du ein Gleichgewicht des Schreckens und verspielst einen lässigen Sieg. Den wiederum fährst du ein, wenn du dem Angreifer, der jetzt ein empörtes Nein oder eine überflüssige Rechtfertigung („Hatte viel Stress in letzter Zeit") erwartet, den Wind aus den Segeln nimmst und mit einem selbstsicheren Lächeln verkündest: „Stimmt." Auch ein anerkennendes „Ja, das hast du richtig gesehen" lässt dich souverän und stark wirken.

6: Konsequent ernst bleiben

Wer gern angreift, zieht einen großen Teil seines Lustgewinns aus Lachern im Publikum, in denen er sich sonnt. „Achtung, jetzt holt unsere Vielrednerin wieder gaaanz weit aus", stichelt der Kollege, während du sprichst. Den Spaß kannst du ihm leicht verderben, indem du bei Spitzfindigkeiten und Co. cool bleibst („Ich lieb dich auch sehr, Herr Kollege!") und dann einfach weiterredest. Wenn jemand unverschämt wird („Das ist ein Riesenscheiß"), konterst du: „Mit Verlaub, das ist definitiv kein Scheiß, sondern ziemlich genial."

7: Aufdringliche Fragen abwehren

Die MeToo-Bewegung hat in den letzten Jahren schon viel bewirkt. Trotzdem gibt es Gesprächsrunden, in denen der Herrenwitz noch nicht ausgerottet ist. Meist kennt frau ihre Pappenheimer und kann sich vorbereiten. Ein klares „So nicht" setzt Grenzen. Auch aufdringliche oder unangenehme Fragen darfst

GET INSPIRED

Kurz und bündig = souverän

Es muss nicht gleich eine ganze Rede sein. Du kannst fiese Fragen und gemeine Bemerkungen auch einfach ins Leere laufen lassen, indem du nur ein paar Worte gezielt einsetzt. Diese aber sollten sitzen und von einem festen Blick begleitet werden. Du nutzt sie als Konter, wartest kurz, ob danach noch etwas kommt, und kehrst anschließend zum eigentlichen Thema zurück. Goldstandards sind:

Absolut • Ach was • Na, so was • Großartig • Genau so ist es • Krass • Schau an • So, so • Und weiter? • Hört alle gut zu • Echt jetzt?

du abwehren („Darum geht es hier nicht") oder kontern („Was soll das jetzt?"). In manchen Bürokriegen werden Fragen nur gestellt, um Redner aus dem Konzept zu bringen („Kannst du uns das genaue Datum der Gründung nennen?"). Hier darfst du zurückweisen: „Da muss ich mich erst einmal informieren, es ist aber jetzt nicht wichtig."

Besonders schlimm sind persönliche Beleidigungen. Die solltest du nicht einfach überhören, auch wenn sie dich eiskalt erwischen. Du kannst sachlich fordern, das zu lassen und zum Thema zurückzukehren. Oder dich erkundigen: „Hast du ein Problem mit mir?" Du kannst den versteckten Vorwurf auch thematisieren: „Du interessierst dich doch nicht wirklich für das genaue Datum. Ich höre da eher Ablehnung heraus. Kannst du uns erklären, was dich stört?"

Bevor Worte sinnlos hin und her fliegen, hilft auch hier mal wieder Trick 17: Guck den Übeltäter entspannt (vielleicht mit einem kleinen Lächeln) an, während du konterst, und wende dich dann dem Rest der Gruppe zu, um mit dem Thema oder – besser noch – mit dem nächsten Tagespunkt weiterzumachen. Super, wenn du dabei noch eine Augenbraue hochziehen kannst.

8: Die Beißlust hemmen

Die Tonlage macht die Musik: Wenn du in der Schockstarre einfach nichts Gescheites über die Lippen kriegst, kannst du auch ohne große Worte gewinnen, indem du deine Stimme als gezieltes Instrument einsetzt. Überhör die Attacke und red weiter, als wäre nichts gewesen. Wähl dabei bewusst diejenige Tonart, die du anschlägst, wenn du jemanden nett findest. Also nach außen entspannt, zugewandt und fröhlich. Du signalisierst damit, dass du dich nicht aus der Ruhe bringen lässt. Der Clou dabei: Wer nicht gerade komplett empathiebefreit durchs Leben läuft, fühlt sich jetzt vielleicht schlecht, weil er sich dir gegenüber aggressiv verhalten hat, obwohl du gerade dabei bist, sein Freund zu werden. Auch wenn es nicht klappt, ist es einen Versuch wert oder hemmt seine Beißlust zumindest beim nächsten Mal.

9: Loben statt rechtfertigen

Klar: Zwischenrufe oder Fragen, die nur dem Zweck dienen, den Redenden vorzuführen oder aus dem Konzept zu bringen, sind äußerst unangenehm. „Das kennen wir schon!" – „Jetzt kommt der wieder damit" – „Das interessiert hier wirklich niemanden".

Solche fiesen Unterbrechungen solltest du nicht einfach überhören, wenn du dich nicht zum Gespött machen willst. Statt zu stammeln, drehst du den Spieß um: Du greifst das Gesagte auf („Ah, da spricht ein Meister seines Faches") und bittest um Erklärung, indem du nachfragst: „Würdest du bitte genauer ausführen, was du schon kennst?" Wenn du danach noch weiterärgern möchtest, lobst du die Antwort sogar: „Gut, dass wir das jetzt alle wissen" oder „Toll, das schreibe ich mir nachher auf". Wetten, dass der oder die Schuldige sich dann schnell aus der „Stänkerecke" verziehen wird?

10: Verzögerter Gegenschlag

Auch wenn eine Attacke, die man nicht sofort abwehren kann, sich erst einmal dramatisch anfühlt, gibt es eine gute Nachricht: Wenn dir auf Anhieb kein cooler Konter einfällt, ist das nicht so schlimm. Denn das „auf Anhieb" ist weniger wichtig, als wir meist denken. Die passende Taktik lautet: Aussetzen für Anfänger. Das heißt, dass du die Schmach erst einmal über dich ergehen lässt (was unter dem Schock eines Angriffst ohnehin oft passiert) und dann mit Verzögerung zum Gegenschlag ausholst. Das ist vor allem für Schlagfertigkeits-Einsteiger eine gute Methode, denn damit fühlst du dich nicht mehr so hilflos.

In der Umsetzung heißt es: Du ziehst dich erst zurück, um wieder zu dir zu kommen und Zeit zum Nachdenken zu gewinnen. Schlagfertig kontern geht nämlich auch noch zwei Wochen, zwei Monate oder auch zwei Jahre später. Bereit dir also eine Strategie vor – und kehr damit zu einem passenden Zeitpunkt zurück.

Read more: „Ich muss mal mit Ihnen sprechen!" (S. 124 ff.)

11: Danke sagen

In der Königsklasse spielst du, wenn es dir gelingt, unsachliche, fiese Witze auf deine Kosten einfach mit einem Kompliment ins Aus zu kicken. Ein „Das hast du ja wohl gründlich in den Sand gesetzt" soll dich treffen, aber du parierst es mit einem „Wow" oder sagst einfach aus vollem Herzen und deutlich: „Danke!" Bevor du weitersprichst, gönnst du dir und dem Publikum noch eine kurze Pause. Der Absender wollte ja eigentlich, dass du dich jetzt richtig schlecht fühlst. Doch du hast es gar nicht nötig, diese Form von Hass überhaupt zu beachten. Mit Dankbarkeit entziehst du dem Angreifer den Boden und verdutzt ihn gleichzeitig. Variante: Du stiehlst ihm mit Nachfragen zu einzelnen Worten die Show, die dem Kritiker eigentlich gar nicht so wichtig waren: „Was genau meinst du mit ‚gründlich'?"

12: Angriffe sammeln und parieren

Wir haben es schon an einigen Stellen in diesem Buch gesagt: Die Kommunikation unter oder über Eltern (insbesondere Müttern), verläuft selten friedlich. Kindererziehung bietet leider so unendlich viele Angriffsflächen, dass du gar nicht genug Konter auswendig lernen kannst, um immer etwas parat zu haben. So parierst du entspannt: Lass verbale Angriffe anderer Eltern („Du gibst viel zu schnell nach – Du musst dich mehr durchsetzen – Wie streng bist du denn? – Grenzen setzen hilft – usw.") über dich ergehen, fass sie zu einer Sammlung zusammen und biet dann an: „Ihr habt ja echt recht. Wollt ihr mir nicht mal ein paar Tricks verraten, wie ihr das bei euren Kindern so perfekt hinbekommt?"

Ein Fall für Coach Sabine:
Verwirrung stiften

In meinen Coachings führt diese Technik immer wieder zur Erheiterung. Sie funktioniert wie ein Rezept: Man nehme wahllos Dinge, reiße sie aus dem sprichwörtlichen Zusammenhang und garniere sie mit einem hypnotischen Sprachmuster, das universell einsetzbar ist: „Denk mal drüber nach!"

Also zum Beispiel:
✚ Wenn der Bus in der Seitenstraße parkt, kommt garantiert nie der Schreiner vorbei. Denk mal drüber nach.
✚ Wenn das Glas Wasser vor drei Tagen halb voll war, wird es morgen vielleicht schon rot sein. Denk mal drüber nach.
✚ Der Sänger Mark Forster hat diese schöne Verwirrvorlage erfunden: Wenn die Wurscht so dick wie Brot is, isses egal, wie dick 's Brot is.

Zugegeben: Ohne Üben springen einem lange Sätze nicht so schnell in den Kopf. Deshalb trainierst du am Anfang besser mit kurzen:
✚ Kannst du das auch rückwärts sagen?
✚ Ich mag es, wie du ein Wort ans andere reihst.
✚ Hast du was gesagt? Ich hab's ganz schlecht verstanden!

Unser kleiner Survivalguide

Von der richtigen Körperhaltung bis zum geistreichen Konter – du musst nicht immer gleich eine Topantwort auf Lager haben. Wenn du die Grundregeln der Körpersprache beherrschst, kurze Standards einsetzen kannst und Selbstironie zeigst, wirst du nicht mehr so schnell dastehen wie auf den Mund gefallen. Hier **das Wichtigste** aus diesem Kapitel noch mal zusammengefasst:

- Es kommt einfach nichts? Dann wahrst du das Gesicht mit der richtigen Haltung: Kopf hoch, Schultern runter, königlich heiter gucken.

- Wieder versemmelt und nichts herausgebracht? Macht nichts, wenn du das Problem vertagst und später per Feedback darauf zurückkommst.

- Schick die Piepsmaus raus. Auch wenn es nur ein einziges Wort ist: Sprich laut, klar und mit möglichst tiefer Stimme.

- Wenn Blicke töten könnten: Sieh deinem Gegenüber fest in die Augen, während du konterst, und danach nicht mehr. Denk an dein ganz entspanntes Gesicht!

- Hab immer ein paar Kurzstandards („soso", „aha") im Kopf, damit du gewappnet bist, wenn dein Gehirn SOS funkt. Es ist leicht, sich diese zu merken.

- Such dir deine Lieblingstechniken (wie Frage/Gegenfrage, Verwirrung stiften, überraschend zustimmen) und trainier diese. Alles eine Frage der Übung.

- Wenn nichts geht, sitzt du die Attacke einfach aus, sammelst dich in aller Ruhe und kommst erst später mit einer passenden Strategie zurück.

- Wehr aufdringliche Fragen unter der Gürtellinie souverän ab. „So nicht! Was soll das jetzt? Darum geht es hier doch gar nicht."

- Zeig dich selbstironisch. Bedank dich überraschend, spinn Ideen weiter oder treib Dinge auf die Spitze. Humor ist und bleibt entwaffnend in jeder Lebenslage.

Kapitel 14

Und jetzt kommst du!

•

Deine Bühnenshow:
Goldene Regeln für Präsentationen
und Auftritte

Herzrasen und Schwitzehändchen, leerer Kopf und weiche Knie – vor Publikum zu reden, bringt so ziemlich jeden ins Zittern. Selbst Profis wie Schauspieler, Moderatoren und Politiker kämpfen damit. Trotzdem ist auch diese Kommunikationskunst kein Geschenk, das dir in die Wiege gelegt wird, sondern eine lernbare Fähigkeit. Du brauchst dafür ein bisschen Geduld, effektive Techniken, viel Praxis und: vor allem gute Laune!

Ob ein Referat an der Uni, eine Präsentation im Job, ein Meeting mit Kunden oder eine Rede bei der Familienfeier – die Vorstellung, vor vielen Leuten zu sprechen, löst bei den wenigsten Leuten große Freude aus. Zumindest ein flaues Gefühl im Magen gehört dazu – und meist gaaaanz viel Überwindung. Die Angst vor öffentlichem Sprechen ist von Mensch zu Mensch unterschiedlich ausgeprägt – manche hassen es regelrecht. Wer sich schon beim bloßen Gedanken an eine Rede gruselt, fürchtet sich meist davor, zu versagen oder nicht gut genug zu sein. Um cooler zu werden, hilft es, sich klarzumachen, wie realistisch beziehungsweise unrealistisch das ist. Überleg dir: Was kann worst case passieren? Was könntest du tun, wenn der wahrscheinlich ohnehin unrealistische Fall eintritt?

Mit aufgerissener Hose live im Studio

Britt: Auf diesem Gebiet habe ich einiges durchgestanden – und überlebt. Ich war noch jung und unerfahren, als ich live on air ein Interview in einer Morgenshow mit einem Radprofi hatte. Ich stieg in einer engen Hose und auf hohen Hacken in den Sattel eines Rennrads, um durchs Studio zu kurven. Dabei merkte

224

ich erst mal nicht, dass meine Hose langsam, aber konsequent über den gesamten Hintern in der Naht platzte. Noch in der Sendung fiel mir das Desaster auf (ob anderen auch, weiß ich bis heute nicht). Ich sah nur eine Lösung: einfach aushalten, weitermachen und hoffen, dass niemand etwas bemerkt. Wäre das doch passiert, hätte ich die Flucht nach vorne antreten und das Problem benennen können. Also den blauen Elefanten im Raum nicht totschweigen, sondern auf den Tisch heben und Pünktchen draufmalen. Selbstironie funktioniert immer.

Oder das: Trotz reichlich Fernseherfahrung fehlte mir früher bei Liveauftritten die Routine, die mich sonst stark macht. Bei einer Gala holte ich Sabines ehemaligen Oberboss, den Geschäftsführer von Antenne Bayern, auf die Bühne, und schaffte es, nicht nur einmal, statt Antenne Bayern tatsächlich Anette Bayern zu sagen, sondern sage und schreibe viermal. Das Publikum lachte und mir blieb nichts anderes übrig, als mitzulachen. Und dann vom Thema wegzulenken. Denn in so einer Situation noch lang und breit zu erklären, wie es zu so einem peinlichen Fehler kommen kann, lässt Selbstironie ins Leere laufen. Hier gilt das tröstliche Radiomotto: Das versendet sich. The show must go on.

Da hast du völlig recht, Britt. Ich stelle in meinen Trainings immer wieder fest, dass erschreckend wenig Menschen über sich selbst lachen können. Dahinter steckt wohl so etwas wie „Nee, ich bin jetzt erwachsen, das geht nicht mehr". Dabei ist es so befreiend und so schön, über sich selbst zu lachen.

Genau, da bin ich ganz deiner Meinung! Und zum Glück gibt es nicht nur für Fernsehprofis Tricks und Techniken, um die denkbar größten Katastrophen zu vermeiden oder durchzustehen. Wenn man das vermeintliche Tal der Tränen ein paarmal durchschritten hat, wird man zu der Erkenntnis kommen: Alles halb so schlimm. Hier sind unsere Tipps:

1: Einmal Trockentraining bitte!

Einen super Auftritt hinlegen und dann auch noch schlagfertig, spontan und geistreich auf Kommando sein? Schön wär's, aber das ist dann doch zu viel erwartet. Außerdem kann es riskant werden, blind auf die eigene Intuition zu setzen. Verlass dich lieber auf eine gute Vorbereitung. Geistesblitze darfst du mitnehmen, wenn sie kommen, aber sie können auch leicht ausbleiben. Schreib dir deinen Vortrag mindestens in Stichpunkten auf. Leg eine, zwei oder drei kurze Kernbotschaften (höchstens eine Zeile) fest, die du auswendig lernst. Wenn du den Faden verlierst, spulst du eine davon ab. Das verschafft dir Zeit.

Üb deine Präsentation mehrmals vor dem Spiegel, vor deinen Liebsten oder nimm dich mit dem Handy selbst auf. Veränder den Text, wenn du an bestimmten Stellen holperst. Je besser du vorbereitet bist, desto selbstsicherer wirst du sein. Das gilt vor allem, wenn dir die Routine fehlt.

Unser Tipp: Ob du nun ein ganzes Manuskript oder Notizkarten in petto hast – kleb nicht mit den Augen zwanghaft an deiner Vorlage, sondern such immer wieder Blickkontakt zum Publikum. Notizen sind nur ein Gerüst. Lies sie nicht einfach ab, aber unterbrich deinen Vortrag auch nicht, wenn du einmal daraufgucken musst. Um sicherer zu werden, kannst du neben den Kernbotschaften deiner Rede auch die ersten Sätze auswendig lernen. Ein reibungsloser Einstieg verschafft Selbstsicherheit!

2: Lampenfieber: Bammel als Doping

Dieses „Fieber" entsteht, wenn der Stress steigt. Es ist gefürchtet als Auslöser für Herzrasen und Schweißausbrüche. Das klingt erst einmal nicht schön. Doch auch wenn es unangenehm ist, gehört Lampenfieber vor einem Auftritt dazu. Es hat sogar etwas Gutes, denn die Anspannung macht dich fit. Wenn du nervös wirst, produziert dein Körper mehr von den Stresshormonen Adrenalin und Noradrenalin. Die helfen dir dabei, dich mit Energie zu laden, dich zu konzentrieren und großartige Leistungen abzuliefern. Lampenfieber kann also wie Doping für deine Performance wirken. Wenn es dir gelingt, mit positiven Gefühlen ans Werk zu gehen, lässt sich das nutzen. Nur wenn Angst und Lampenfieber überhandnehmen, dreht sich der positive Effekt ins Negative. Das kann bis zum Blackout führen.

3: Keine Angst vor einem Blackout

Es ist der absolute Horror: Du stehst auf der Bühne und plötzlich ist das Hirn leer. Es kommt einfach nichts heraus. Im Raum herrscht Totenstille. Das Publikum starrt dich an. Du weißt nicht weiter. Fiese Sache, aber auch hier gibt's Hilfe. Mach dir zuerst einmal klar, was mit dir passiert. Wenn deine Gefühle Achterbahn fahren, schüttet der Körper vor Aufregung massenweise Stresshormone aus – und zwar bei supertollen Erlebnissen ebenso wie bei negativen. Die für Emotionen zuständige rechte Hirnhälfte übernimmt im Kopf die Macht und die linke schaltet sich aus. Das Zentrum für Logik, Sprache und Erinnerung wird vorübergehend abgestellt. Deine Urzeitgene sorgen dafür, dass du flüchten oder kämpfen kannst, aber mit Sprechen und Denken keine Energie mehr verschwendest (Read more: „Hilfe, mir steckt da ein Wort im Hals", S. 206 ff.). Erste Hilfe gegen ein Blackout funktioniert vorbeugend und im Akutfall:

✛ Zuerst einmal kannst du flutartige Hormonausschüttungen verhindern, indem du dich vor deinem Auftritt entspannst. Deinen Kopf bekommst du mit gezielten Bewegungs- oder Atemübungen frei (mit den Schultern kreisen, auf und ab gehen wie ein Tiger, mit den Zehen wackeln, ganz tief ein- und ausatmen).

✚ Wenn du doch einen Blackout haben solltest, nimmst du dein Publikum zu Hilfe, um Zeit zu gewinnen („Gibt es noch Fragen?"). Auch eine Pause schafft dir Raum zum Sortieren. Eine weitere Möglichkeit: Du wiederholst deine Botschaft und dein Ziel in einem kurzen Satz.

✚ Besonders tricky: Du fragst dein Publikum, ob es helfen kann („Was war noch gleich das letzte Thema?"). Viele Menschen springen meist gern ein, weil sie dann selbst ein bisschen im Mittelpunkt stehen und zeigen können, dass sie gut aufgepasst haben. Oder du machst einen kurzen Check: „Was sind eure Gedanken? Habt ihr Ideen oder Erfahrungen zu diesem Thema?"

✚ Die Flucht nach vorne („Ich habe ein Blackout") trittst du nur im äußersten Notfall an. Ansonsten einfach mit irgendetwas zum Thema weitermachen. Die meisten merken nicht einmal im Ansatz, wenn etwas fehlt.

4: Gesten: Wohin mit den Händen?

Wer ein Mikro hält oder Karteikarten dabeihat, ist fein raus. Denn die Hände haben etwas zu tun. Ist das nicht der Fall, signalisierst du Kompetenz, indem du sie sichtbar machst, also die Arme vor dem Bauch etwa in der Körpermitte hältst und dort möglichst offen bewegst, um das Gesagte zu untermalen. Witzigerweise machen wir uns abends in der Bar mit anderen keine Gedanken, was wir mit unseren Händen anstellen. Idealerweise sprichst du auch im Businesskontext wie zu guten Freunden. Dann klappt's auch mit den Händen.

Grundsätzlich gilt: Verschränk die Hände nicht vorm Körper und lass sie nicht vermeintlich lässig in der Hosentasche verschwinden. Ungünstig wirkt es auch, wenn du sie dauerhaft

Glaubenssätze:
Ich höre Stimmen

Du hast Angst vor Auftritten, obwohl sie dich enorm weiterbringen würden? Schon bei dem Gedanken daran malst du dir unendlich viele Peinlichkeiten aus, die dich heimsuchen könnten? Dann lohnt es sich, mal darüber nachzudenken, ob negative Glaubenssätze dahinterstecken. Was hat es damit auf sich? Negative Glaubenssätze sind fiese innere Stimmen, die sich immer dann melden, wenn du unsicher bist. Sie verraten dir, was du über dich selbst oder die Welt glaubst, und setzen dich vor allem unter Druck. Der Psychologe und Businesscoach Jens Corssen nennt diese inneren Bewertungen mit Schlechtfühlgarantie Quatschies. Die Ursachen dafür liegen oft in der Kindheit oder in späteren Erfahrungen.

Aus dem Neurolinguistischen Programmieren (NLP) kennen wir das Phänomen als sogenannten verlorenen Performativ. Dabei handelt es sich um eine Regel, die scheinbar weltweit gilt, bei der aber eine Kleinigkeit verloren gegangen ist:

nämlich die Information, für wen sie wann und unter welchen Umständen gilt. Sätze wie „Das macht man nicht" oder „Das gehört sich nicht" sind typisch dafür. Wer sich selbst oder anderen so etwas sagt, übernimmt Regeln, statt sie zu hinterfragen. Wenn du diesen Zusammenhang erkennst, werden viele Dinge leichter.

Halt inne, sobald sich negative Glaubenssätze in deinem Hirn ausbreiten. Was flüstern diese vermeintlichen Überzeugungen, Muster und Verallgemeinerungen dir ein in Sachen „Selbstruntermachen"? Stopp sie und dreh sie um. Aus einem „Ich schaffe das nicht" wird ein „Klar, das kriege ich hin". Auf Gedanken folgen Taten. Du willst zum Beispiel von dir sagen: „Ich kann gut reden." Also fragst du dich: „Was würde ich als rhetorisches Talent tun?" Genau das tust du dann – so lange, bis du selbst der lebende Beweis für diese These bist. So können Glaubenssätze dich nicht nur behindern, sondern auch beflügeln.

hinter dem Rücken versteckst, die Finger zum Gebet ineinander verkeilst oder dich an etwas festklammerst. Doch auch dabei ist zu beachten: Solche Gesten dürfen mal sein, wenn sie zum Inhalt passen, eignen sich aber nicht als Dauerlösung.

Unser Tipp: Sieh dir Vorträge oder Videos von Leuten an, die Vorbilder für dich sind. Probier dann selbst vor dem Spiegel, welche Gesten oder Haltungen zu dir und deinen Inhalten passen.

5: Tempo runter, Pausen rein

Wer sich beim Reden nicht so wohlfühlt, spricht meist sehr schnell nach dem Motto „Hauptsache, ich bringe das flott hinter mich". Das Publikum kann dann schlecht folgen und lässt sich nicht so leicht erobern. Bemüh dich, möglichst langsam zu sprechen. Wenn es dir zu langsam vorkommt, ist es wahrscheinlich genau richtig. Außerdem darfst du dir ruhig Sprechpausen gönnen. Das hilft auch gegen Blackouts und lässt dich besonnen wirken. Sabine: Bei meiner Arbeit merke ich oft, wie verdammt schwer es vielen Menschen fällt, eine Sprechpause einzulegen – vor allem online. Die Pause darf gern zwei Sekunden dauern. Trau dich! Die Wirkung ist unglaublich gut.

6: Kopf hoch: Du bist die Königin

Achte auf deine Körpersprache. Neigst du dazu, dich wegzuducken, wenn es unangenehm wird? Das hast du gar nicht nötig! Stattdessen richtest du dich auf. Schultern entspannt zurück, Brust raus, imaginäre Krone richten, den Kopf schön gerade halten, Gewinnergesicht aufsetzen und strahlen. Damit wirkst du nicht nur freundlich, sondern zeigst auch, dass dir die Präsentation deines Themas Spaß macht. Üb auch das ruhig vor dem Spiegel, vor einer Kamera oder vor deinen Liebsten.

7: Wohin gucken? Tritt in Blickkontakt

Wenn es dir gelingt, Blickkontakt zu deinem Publikum zu halten, wirkst du erstens sympathisch und zweitens hast du eine Antwort auf die Frage: Wohin soll ich gucken? Profis teilen ihre Zuschauerinnen und Zuschauer in drei Teile ein (links, rechts und Mitte). Sie wenden sich jedem Drittel etwa zehn Sekunden lang zu und wechseln dann die Blickrichtung zum nächsten. So können sie möglichst viele erreichen. Es ist dabei erlaubt, einzelnen Gästen zwei bis drei Sekunden lang in die Augen zu schauen, damit das Publikum sich beteiligt fühlt.

8: Setz deine Stimme bewusst ein

Mit deiner Stimme kannst du viel machen. Zum Beispiel deine Botschaften wunderbar verstärken, aber leider auch konterkarieren. Regel Nummer eins: Wähl ein gesundes Mittelmaß. Also: nicht nuscheln, flüstern, brüllen, zu schnell, zu langsam, zu laut oder zu leise reden. Sprich authentisch und nicht gestelzt. Und achte darauf, dass Situation und Tonlage zusammenpassen. Sabine: Wenn ich zu Hause in den Speakermodus verfalle, weist mein Mann mich gerne darauf hin, dass ich gerade keinen Vortrag halte. Britt: Bei mir klingt es „öffentlich", wenn meine Kinder sagen: „Mama, du wirst streng." Passen Stimme und Inhalt nicht so richtig, ist meist etwas faul. „Ist was, Schatzi?", fragt dein Liebster, dem du eigentlich gern mitteilen würdest, dass du dich wahnsinnig über ihn ärgerst. Dafür bist du aber zu nett, also sagst du säuerlich: „Nein, ist nichts, alles gut." Das lässt ihn garantiert aufhorchen. Du siehst: Stimme schlägt Inhalt.
Unser Tipp: Trainier die Modulation deiner Stimme, indem du dich bewusst in verschiedene Emotionen hineinbegibst. Du säuselst, schreist, beruhigst, zeigst Begeisterung oder zischelst bedrohlich. Lässt sich prima beim Kinderbüchervorlesen üben.

So bringst du deine Stimme in Form

Die meisten legen großen Wert auf ihr Aussehen, wenn ein Auftritt ansteht. Dass der Klang der Stimme fast genauso wichtig ist, um Sympathiepunkte zu machen, wird oft vergessen. Ist die Stimme zu hoch, zu trocken oder „hüpft" sie beim Reden, wirkt das unsicher. Der optimale Stimmklang ist der, den du mit wenig Anstrengung erreichst und halten kannst. Dabei gilt: Je fester, desto besser. Ein paar Tricks helfen.

Aufwärmen Stimmbänder mögen keinen Kaltstart. Belaste sie morgens erst einmal langsam, indem du ein paarmal bewusst atmest. Gerne mit Bauchatmung, wie du sie vielleicht aus dem Yoga kennst. Singen lockert die Stimmbänder (muss nicht schön sein).

Zwerchfelltraining Vor dem Auftritt wird deine Stimme elastischer, wenn du das Zwerchfell trainierst. Dafür atmest du locker in den Bauch hinein und stößt die Luft mit Lauten wie Pffff-pffff-pffff oder Sch-sch-sch-sch (so wie Kinder, wenn sie Eisenbahn spielen) wieder aus, sodass sich das Zwerchfell hebt und senkt. Auch ein herzhaftes Lachen trainiert das Zwerchfell.

Schnauben, Schnalzen, Schmatzen Wenn du beim Ausatmen wie ein Pferd schnaubst und die Lippen flattern lässt, werden sie locker. Eine gut trainierte Zunge verbessert die Artikulation. Dafür schnalzt du ein paarmal. Die Kaumuskeln werden trainiert, indem du typische Kaubewegungen (inklusive Schmatzen) machst.

Teetrinken und Bonbons essen Viel trinken „ölt" die Stimmbänder. Besonders geeignet sind warme Früchte- oder Kräutertees. Auf Kaffee und andere koffeinhaltige Getränke verzichtest du besser, denn die entziehen dem Kehlkopf Feuchtigkeit. Wer viel reden muss und leicht heiser wird, verhindert das mit Bonbons gegen Husten und Heiserkeit, die die Speichelbildung anregen.

9: Überzeugen mit Manipulation

Manipulieren? Ich doch nicht! Das klingt so negativ, denkst du wahrscheinlich. Letztendlich ist aber jede Form von Überzeugen eine Manipulation. Ob das gut oder schlecht ist, ob man diesen rhetorischen Kniff als Angriff oder als Verteidigung nutzt, liegt im Auge des Betrachters. Du willst dein Publikum für deine Ideen begeistern und von dir überzeugen? Lern hier ein paar versteckte Psychotricks für Vorträge mit Überzeugungskraft kennen:

+ Such Gemeinsamkeiten mit deinem Publikum, um es in deinem Sinne zu beeinflussen. Je mehr Ähnlichkeiten du findest („Wir wissen doch alle, was es aktuell für große Herausforderungen im Vertrieb gibt"), desto besser.

+ Nutz dein Charisma, das du mit Techniken wie Nachfragen, Lächeln und einer offenen Körperhaltung demonstrierst. Zum Üben und Checken: Charismatische Menschen schaffen es, mit jedem ins Gespräch zu kommen – ob sie ihn mögen oder nicht. Das passiert weniger über langweiliges Von-sich-selbst-Erzählen als vielmehr durch Fragen und aktives Zuhören.

+ Suggestivfragen können sehr wirkungsvoll sein: „Ihr glaubt doch auch, dass wir auf diesem Gebiet die Nummer eins werden können? – Wer von euch will keinen Umsatz machen? – Liege ich daneben, wenn ich behaupte: Ihr wollt doch alle nur das Beste für eure Kids, oder?"

+ Wenn du vor einer kleinen Runde auftrittst und die Namen der Teilnehmerinnen und Teilnehmer kennst, überzeugst du, indem du sie oft nennst (oft, aber nicht exzessiv, sonst nervt's). Simpler Grund: Jeder hört seinen Namen gern und fühlt sich so mit dir vertraut.

Fünf Tipps: So begeisterst du dein Publikum

Starker Einstieg, Ansprache über Emotionen, witzige Anekdoten –
eine **gute Rede** ist zwar keine wissenschaftliche Arbeit, braucht
aber dennoch etwas Vorbereitung. Check deine Präsentation anhand
dieser fünf Punkte, ehe du sie vorträgst.

Der Anfang: Starte stark

Verzichte auf lange Begrüßungsphrasen. Natürlich
freust du dich, dass alle da sind, aber das musst du
nicht extra erwähnen. Steig lieber humorvoll ein –
zum Beispiel mit einem Bild, einem Zitat, einem
Witz, einer provokanten These, einer Frage oder
einer kleinen Begebenheit aus deinem Leben.

Das Thema: Erzähl Geschichten

Details sind schnell vergessen. In der Regel bleiben
nur zehn Prozent deiner Inhalte hängen, während
gute Storys sich festsetzen und Emotionen
erzeugen. Überfordere dein Publikum nicht mit zu
vielen Daten und Fakten.

Die Wortwahl: keine Schachtelsätze

Wer sind deine Zuhörerinnen und Zuhörer? Sprich ihre Sprache und such Beispiele aus ihrer Branche. Bilde kurze Sätze ohne umständliche Schachtelkonstruktionen und nutz lebendige Verben. Lassen Fremdwörter sich nicht vermeiden, erklär sie kurz.

Die Struktur: Wo sind wir?

Hilf deinem Publikum beim Zuhören, indem du deine Präsentation klar strukturierst. Greif zum Beispiel den Anlass auf, erörtere Probleme, Ziele und Aufgaben, stell ein Fazit oder die Kernbotschaft heraus und gib Ausblicke auf die nächsten Schritte.

Der Abschluss: Ende gut, alles gut

Was du zum Schluss sagst, merkt sich dein Publikum am besten. Auf Floskeln („Danke für Ihre Aufmerksamkeit") kannst du verzichten. Stattdessen: Fass das Wichtigste zusammen oder nutz ein knackiges Zitat, eine Pointe oder eine Anekdote, die deine Thesen bestätigen.

Besser reden – meine Favoriten

Logisch, dass du nicht alles sofort umsetzen kannst, was du in unserem kleinen Zauberbuch gelernt hast. Musst du ja auch gar nicht. Damit das für dich Wichtigste aber schnell hängen bleibt, gibt's hier noch ein bisschen Platz für **Spickzettel-Notizen**. Nimm dir aus jedem Kapitel mit, was du zuerst umsetzen willst.

_____

_____

_____

_____

_____

_____

_____

_____

_____

_____

_____

_____

IMPRESSUM

Hinter jedem tollen Buch steckt ein starkes Team

Projektleitung: *Kathrin Ullerich*

Texte: *Franziska Pfeiffer*

Lektorat: *Eva-Maria Hege*

Konzept und redaktionelle Mitarbeit: *Caroline Kaum (Caroline Kaum macht Programm, München)*

Korrektorat: *Christian Wolf*

Covergestaltung: *Katharina Fesl*

Grafisches Konzept, Gestaltung und Satz: *31Media GmbH, Stephanie Frantzius*

Fotografie: *31Media GmbH, Ben Fuchs*

Herstellung: *Frank Jansen*

Producing: *Jan Russok*

Druck & Bindung: *CPI books GmbH, Leck*

1. Auflage 2022
© 2022 Edel Verlagsgruppe GmbH
Kaiserstraße 14 b
D–80801 München
ISBN: 978-3-96584-243-4

ZU DEN AUTORINNEN

Schlagfertig antworten, clever nachfragen und geschickt mit Worten jonglieren, auch wenn's eng wird – das können die beiden Autorinnen nicht nur in der Theorie. **Britt Hagedorn** und **Sabine Altena** haben in mehreren Tausend TV-Sendungen und Live-Auftritten ihr Talent für die richtigen Worte zum richtigen Zeitpunkt eindrucksvoll unter Beweis gestellt. Als die Talkmasterin und die Kommunikationstrainerin sich auf Mallorca kennenlernten, stellten sie schnell fest: Wir ergänzen uns ideal. Kein Wunder, dass bald die Idee zu einem gemeinsamen Buch geboren war. Die beiden Kommunikationsprofis vermitteln ihre fundierte Sprachpower mit Witz, Charme und einer großen Portion Selbstironie.

LIEBE LESER*INNEN

wie schön, dass Sie ein Buch von ZS in den Händen halten. „jetzt leben!" ist das Motto unseres Verlages. Es steht für Genuss und Inspiration, Unterstützung und Motivation. Ob Kulinarik oder Fitness, Gesundheit oder Lebenshilfe — seit über 30 Jahren bieten wir kompetente Ratgeber für (fast) alle Lebenslagen. Wir lieben Tradition genauso wie Innovation — sie treiben uns an. Unsere Autor*innen sind Menschen, die zu ihrem Thema wirklich etwas zu sagen und zu schreiben haben. Unsere Produkte sind erzählerisch, appetitmachend und als gedruckte Bücher haptisch echte Erlebnisse. Für Sie mit ganz viel Liebe gemacht! Entdecken Sie mehr aus unserer wunderbaren Welt!

UNSER VERLAGSHAUS

Mit Standorten in München, Hamburg und Berlin zählt die Edel Verlagsgruppe zu den größten unabhängigen Buchanbietern Deutschlands. Zur Edel Verlagsgruppe gehört unter anderem ZS mit seinen Lizenzmarken Dr. Oetker Verlag, Kochen & Genießen und Phaidon by ZS.

ZS – Ein Verlag der Edel Verlagsgruppe
www.zsverlag.de
www.facebook.com/zsverlag
www.instagram.com/zsverlag

FÜR DIE UMWELT

ZS unterstützt bei der Produktion dieses Buches das Projekt „Junge Riesen für die nächsten 100 Jahre" im Naturpark Nossentiner/Schwinzer Heide. Damit wird ein Anteil der unvermeidbaren CO_2-Emissionen im direkten Umfeld des Produktionsstandortes kompensiert.

PARTNER Naturpark Nossentiner/Schwinzer Heide
www.optimal-media.com/naturschutzprojekt-001